生きたことば、動くこころ

河合隼雄語録

河合隼雄
河合俊雄〈編〉

生きたことば、動くこころ

河合隼雄語録

岩波書店

『河合隼雄語録』解題

河合俊雄

本書は、「はしがき」にも書かれてあるように、一九七四年から一九七六年にかけての、京都大学の臨床心理学教室での事例検討会における、河合隼雄のコメントをまとめたものである。このようなものが残っているのは、当時大学院生であった山田(旧姓藤縄)真理子さんが、事例検討会をテープにとっていて、そのときの河合隼雄のコメントのみをテープ起こしして、ノートにまとめていたためである。後に手書きノートのコピーが研究室で出回るようになり、筆者が大学院に入学した一九八〇年には、既に『河合隼雄語録』と呼ばれる手書きコピーの冊子になって広まっていた。たとえばこれから実際に心理療法を行おうという修士一年生のオリエンテーションの教材にも用いられていた。京都大学の中だけではなくて、関係者を通じてかなり広まっていたような記憶がある。その後、一九九二年に河合隼雄が定年退職する際に、手書きのものがワープロで院生たちによって打ち直され、希望者に配られることになったのが、最終的な形である。

このように、多少とも河合隼雄とつながりのある臨床家たちの間で共有されてきた『河合隼雄語録』であったけれども、二〇〇七年に河合隼雄が亡くなり、二〇〇九年に追悼の思いを込めて、スイスのユング研究所での資格論文を中心とした『日本神話と心の構造』と『思想家 河合隼雄』とともに、『臨床家　河合隼雄』が岩波書店から出版されるにあたって、河合隼雄の臨床家としての姿をよく示しているものとして、この語録を含めてはどうかという案が出てきた。元々のテープ起こしをしていただいた山田真理子さんと、京都大学臨床心理学教室の承諾を得つつ、そのときは京都大学大学院教育学研究科教授の桑原知子さんの編集で、比較的一般的なことを発言しているV章「治療観から人間観へ」のみを収録することになった。

それに対する反響はとても大きく、他のところも読みたいという声が多く寄せられた。元々は臨床の専門家をめざす院生を対象にした大学院の授業での発言であり、またこれまでは一部の心理療法家の間で広まっていたのだが、岩波書店の方から、一般の読者のためにも全体を公刊してはどうかという提案があって、本書が成立したというわけである。そのために、『河合隼雄語録』という親しまれていた原題は副題に残しつつも、一般読者を考慮して、『生きたことば、動くこころ』という題がつくことになった。

1　事例検討会の状況

心理療法を実践し、しかも河合隼雄の臨床スタイルを知っている人たちの間だけで広まっていたのとは違って、今回の出版にあたっては、本書の内容や、特にこのコメントがなされた事例検討会について多少説明が必要であると思われる。

心理療法というのは、もちろんそれについての理論や原則が存在し、それらを学習することも重要であるけれども、個々のクライエントの個別性が際立っているので、やはり個々の事例から学ぶことが必要である。そもそも河合隼雄の業績として、臨床心理学における事例研究というパラダイムを浸透させたことを挙げてもよいくらいかもしれない。これは後に物語論としても深められていくものである。さて、事例検討会のやり方にも多少のバリエーションがあろうが、発表者が自分の行っている心理療法の事例を一時間くらいかけてまず発表し、その後にそれについてディスカッションがなされるのが一般的である。それは発表者がそのクライエントと今後どのように会っていくか、あるいは終結している事例であったら、今後発表者がどのような治療をしていくかという指針を得るために重要であるのはもちろんであるけれども、他の参加者にとっても、そこから多くのことを具体的に学んでいく大切な機会となる。実際のところ、他人を通じて学べることは非常に多いわけなのである。そのためには、事例検討会の中心的なコメンテーターが誰であるかが大きな要因となる。せっかくの検討会も、わからない不全感とともに終わってしまっては、発表者にとっても参加者にとっても無益であろう。それどころか、的外れな発言などによって、発表者が傷ついたり、治療にマイナスになったりすることさえ起こりかねない。その意味でも、その事例検討会が誰によって主催されていて、主なコメントがなされるのかというのはとても大切な要因なのである。

発表される事例によって違いは生じてくるけれども、授業において河合隼雄は、さまざまな議論を踏まえつつ、全体におさまりをつけるという役回りもあって、最後にコメントすることが多かった。ここに収録されているのは、そのコメントの部分である。しかし実際の事例検討会では、もっと具体的に、事例の中味にふれつつ、それに沿ってコメントがなされる。それはプライバシーの問題もあるので、ここで記録に残っている部分ではかなり割愛されていて、むしろその中での一般論につながるところが多いことを指摘しておかねばならない。

ここではもちろん元の事例というのがわからないのであるけれども、実際の事例に沿って、どのようなコメントがなされたのかを知りたい方は、『臨床家　河合隼雄』の中の、「家を背負うということ――無気力の裏に潜むもの」(事例提供・編　岩宮恵子)を参照されたい。それは事例の概要に続いて、河合隼雄の詳細なコメントが編集されて記録されており、実際の事例検討会を多少とも彷彿させてくれる。

本書では実際の事例が省略されている上に、コンテクストを前提にしての、ディスカッションの中でのことばなので、あいまいであったり、わかりにくかったりするところも多々見受けられるが、それはそのままにしてある。それでも何がポイントなのかは、元の事例がわからなくても、十分に理解できるのではないかという印象を持った。実際に心理療法に関わっている専門家なら、自分の日頃の臨床に照らし合わせてさまざまなことが考えられるであろうし、専門家でない人でも、人のこころの動きや人間関係について、さまざまな示唆やヒントが得られるのではないかと思われる。大学院での授業でのコメントにもかかわらず、専門用語が少なく、努めて日常語や生きたことばを使おうとしているのは特筆すべきである。

2　時代とタイミング

河合隼雄がユング派分析家の資格を取得して帰国したのが一九六五年、京都大学にうつったのが一九七二年、京都大学の教授になったのが一九七五年である。本書での発言がなされた一九七四年から一九七六年にかけてというのは、日本に戻って一〇年くらいの臨床経験を積み、日本でのユング派の心理療法がどのようなものであるかを既につかんだ時期である。また教授になって五〇歳に近くなり、自分がリードしなくてはいけない、あるいはリードできる自由を得つつあった時期である。また京都大学の研究室でも、河合隼雄による心理療法の姿勢が強烈なインパクトを与えつつ、またそれが二、三年たって浸透し、吸収されはじめた頃である。河合隼雄のことばを一言も聞き逃すまい、少しでも何かを得ようという研究室、事例検討会の場の空気があってこそ、このような記録が書かれ、読まれたと言えよう。この語録がどのような時期に、どのような場を背景にしてできたかというのは重要な要因であると思われる。河合隼雄の発言にも、間違いなくある種の勢いがある。さらにはこの記録は黎明期であったからこそ残って、後には誰も事例検討会を録音しようとしなかったし、またたとえ試みられても、許可もされなかったであろう。

もちろんここでの発言は、個別のクライエント、そしてそれに会っている個別のセラピストに関しての、その時、その場のものである。それに当時ある程度固まってきていた河合隼雄の立場も、その後多少変化していく。それはクライエントのあり方や症状が変化していくことにもよるし、また河合隼雄のセラピストとしてのスタンスが変化していくことにもよる。たとえば、この後には、無制限な要求をセラピストに突きつけてきたり、徹底的に治療関係にこだわったりする「境界例」[1]と言われる症状やクライエントにどのように対処するかが心理療法における大きな課題となっていく。また後には、治療における非個人的関係が大切になるのと同時に、セラピストとしてもっと自由に喜怒哀楽を表すようになっていったことも河合隼雄は自ら指摘したりしているのである[2]。

時代性に関しては、用語なども、可能な限り元のままにしてあるけれども、現在では明確に差別用語ととらえられている表現や、当時とは用語が変わってしまった場合などは、括弧で補ったり、別の語で置き換えたりしたところもある。用語について付け加えておくと、大学院での授業ということで、英語もよく用いられている。一九九二年にワープロで打ち直されたバージョンでは、横書きであり、専門家を対象としていたせいもあって、英語はそのままになっている。元々は口頭であったことを配慮して、今回は時には英語をカタカナに置き換えたり、時には訳を括弧内につけたり、煩雑に思えるところは日本語に置き換えたりした。さらには、コメントの中で、クライエントのことに具体的にふれられていることも、既に四〇年近く経ていることを考えて、よほど個人の特定につながると考えられること以外は、変更や削除をせずに残してある。

3　臨床のリアリティ――動くこころ

これまで本書の背景と、編集の方針について説明してきたけれども、残りの紙数で少し内容の特徴についても三つくらいポイントを挙げてふれてみたい。この本は、個別の事例についてさまざまなコメントがなされているので、実際の心理療法のために役立つ解決法が示されていることが期待されるかもしれない。あるいは心理療法家でなくても、自分の具体的な人間関係などの解決の助けを求めたくなるかもしれない。確かに具体的な提言も多く、随分と実際的にも有用である。自分ならこうするとしばしば述べている著者のオープンさには驚かされるくらいである。

しかしそれらはマニュアルのようになるものではなくて、個別の事例によって、たちまち矛盾することになってしまう。たとえば、訳のわからないことを話すというクライエントに対して、ひやかすという手があって、「あんた何やらわけのわからないことを長いこと言ったなあ」と言う方法があることを紹介している(「言葉と本心」一一頁)。ところがそのすぐ後のところでは、訳がわからなくなったクライエントに対して、矛盾したところを指摘してやって一緒に考えてあげ、改良してゆくという提案がなされている(「明白な問題をもたないクライエント」一二頁)。このように決してマニュアルのような決まった方法があるのではなくて、対応の仕方はクライエントによるし、また担当しているセラピストによるのである。

またさらには、その個々のテクニックや提案自体よりも、それがどのようなこころから、どれだけ深いこころから生まれてきているかというのが大切なように思われる。さまざまなコメントを尽くす中で、伝えたいのはむしろ根本的な姿勢であったり、こころの動きやはたらきであったりするのである。だからこそセラピストは生きたことばを語らねばならず、また河合隼雄のことばも、動くこころから現れ、また事例検討会の参加者の、そしてわれわれのこころを動かしてくれるはずなのである。どれだけこころをはたらかせているかが、セラピストにとっていかに大切であるかは繰り返し強調されている。またそのことが読者に訴えかけてくるものをもっているように感じられるのである。

たとえば心理療法においては、守るべきさまざまな原則が言われる。それは時間と場所を決めること、プレゼントをやり取りしないこと、あくまでもクライエントを中心にすることなどである。たとえば本書の最初に、面接中に電話に出ることの是非について語られている。これも心理療法の場を守るということに関わる原則的なことである。しかしそこでの説明の仕方は原則的ではなくて、「電話に出てまで人を来させる力」がないから電話には出ないということなのである。それはあくまでクライエントとの関係を続けるということを最優先にした中で、セラピストの実際の力との関係で捉えられている。それは原則との抽象的な関係ではなくて、自分のこころをはたらかせた上で、具体的に感じられる結論である。このように、どのようなこころが動いているかという臨床のリアリティから出発しているし、それを伝えようとしていることばなのである。

4 勝負師

本書を読んでいくと、心理療法における河合隼雄は、基本的にどこまでもこころを深めていこうという姿勢を持っていることがわかる。たとえば、「キャパシティと面接の深まり」(六〇頁)などにもそれは如実に示されているし、黙って聴いているというのも、どこまでも深めようという姿勢が基本にある。雑談をしたり、解釈をしたりすると、むしろ深まらなくなるからである。

そのためには、クライエントが「不安とか物足りなさをある程度経験しないと変わらない」というのも一貫した考え方であるように思われる。だからこそさまざまな症状も生じてくる。安心したり、安住したりしているところに変化は生じてこない。共同作業の中で、セラピストはもちろんその苦しさや不安から逃げてはいけないし、クライエントにもそれを突きつけようとしている。その意味で河合隼雄は勝負師であるし、セラピストに勝負師であることを求めている。

それと同時に、自分のこころを深めることが、クライエントにとっていかに大変なことであるのかも強く意識されている。だから「不安があんまり高まっていって、ちょっと、動揺が激しかったらそこで止めるわけです」と言っている(「クライエントの不安と変容」七一頁)。その意味で河合隼雄の臨床は勝負師であるけれども、負けてあげ、逃がしてあげることのできる勝負師であることがわかる。常にクライエントがどこまでいけるのかのぎりぎりを試しつつ、進んでいることがわかる。本書はまさにその勝負の仕方とあやを伝えてくれている。

勝負師であることの厳しさやおもしろさは、むしろセラピストが負けていることの自覚や、負けているときにどうするかということに現れている。たとえば「保育所を紹介すること」(一四頁)において、心理療法の中で現実に保育所を紹介するように言われたときには、まずクライエントに負担をかけ過ぎているのではないかという反省が必要なことが指摘されている。つまり負けていることの自覚である。しかし心理療法のおもしろいのは、あるいは現実の人間関係も同じであろうが、負けていてもさらに勝負にいく必要があることである。まずセラピストが気持ちの上で負担を引き受けるように、クライエントの負担を軽くするように試みる。これが次の勝負である。それでもさらに負けて、保育所を紹介しろと言われたら、「僕は保育所世話しますね」と言い切っている。これも心理療法の原則に違反するけれども、負けても負けても、どこまでも勝負に持ち込もうという臨床家、勝負師の覚悟のようなものが感じられるのである。

5　ことばの由来と行方

実際の事例がわからなくても、これだけこちらに伝わるものがあるというのは、河合隼雄に個別のものから普遍性や本質を捉えてことばにしていく能力が高いためだと思われる。だからこそ、発表者だけではなくて、多くの参加者も他人の事例へのコメントから自分のことを考えることができたし、それは新たな読者にとっても同じことであると思われる。

このような見方やことばは、どこではぐくまれたものであろうか。もう有名になってしまった河合隼雄が、別に今書いたり語ったりしていることは後になって身につけたものでもなくて、若い頃からわかっていたものであるけれども、若い頃にはそれがあまりにも直接的で鋭すぎて受け入れられなかったのかもしれない、と筆者に語ったことがある。

確かにそうかもしれず、それどころか幼い頃から持っていた独特の発想でさえあるかもしれない。「あいつは異星人みたいなとこがあったな」と兄・河合雅雄に言わせているように。(3) しかしそのような考え方やことばは、人びとに脅威を与えるために、しばしば殺されてしまうことがある。それを殺さずに育て、はぐくむことができたのは、河合隼雄が守られていたことも一つの重要な要因であると思われる。変わっていると思われつつも、いかに親や兄たちが守ってくれたのかは、自伝的小説『泣き虫ハァちゃん』を読むと、如実に感じられるのである。ことばはそのような守りに由来しているのである。

そして心理療法を通じて与えようとしたのは、そのような守りではなかったのか。「飛び降りる」(一八頁)の話は印象的である。ユダヤ人の親が、階段のだんだんと高いところから飛び降りる子どもを最後に受けとめず、親でも裏切ることがあるのを教える逸話に対して、セラピーでは飛び降りる子どもを受けとめて、「人間ってのは親でなくても抱くことがある」という。単に文化の比較というのを超えて、この語りは印象的である。

そして臨床の現場で、個々の例に沿いつつ、そこで本質を捉えることばというのを鍛えたからこそ、後の『こころの処方箋』などの語りにつながっていったと考えられる。本書も「こころの処方箋」であるけれども、その真剣さや生々しさが異なる。「ふたつよいことさてないものよ」などという軽妙な語り口に、実は臨床でのこれだけのぎりぎりの勝負が裏打ちされているのである。そして読者からすると、そのことが見えてくるならば、また軽妙なことばの印象も異なってくるかもしれないのである。

(1) 河合隼雄『生と死の接点』(岩波現代文庫、二〇〇九年)所収の「境界例とリミナリティ」二三八頁以下参照。
(2) 河合隼雄『ユング心理学と仏教』(岩波現代文庫、二〇一〇年)一七三頁以下参照。
(3) 河合雅雄「泣き虫ハーチャンの思い出」河合隼雄『泣き虫ハァちゃん』(新潮文庫、二〇一〇年)二三七頁。

目　次

Ⅲ　クライエント―セラピスト関係

Ⅳ　セラピストとしての問題……102

河合隼雄語録——事例に寄せて

はしがき

一九九二年三月に京都大学を定年退職することになった。退職も近くなって思い出話をしているとき、いわゆる「河合語録」なるものが話題になった。京大に奉職した初期の頃、十数年も以前のことだが、当時の大学院の院生の藤縄真理子(現在、山田真理子)さんが、事例研究のときに私がいろいろ話したことを丹念に記録し、それを項目別に整理してまとめ、冊子を作った。それは以後、京大の臨床心理学教室で、「河合語録」と言われ、大学院生たちがよく読んでいたものらしい。大学院生として初めて事例にあたるときは、誰しも不安なもので、いろいろな疑問も起こってくる。しかし「教科書」的な書物は、あんがいそれに対して答えてくれないもので、そのような点で、この「語録」は実際的に大分活用されていたものらしい。

当時のことなので、藤縄さんがペン書きしたものをコピーにとったり、まわし読みしているような状況だったが、いつしか忘れかけていたものだが、今回、私の退職時に思い出して、ワープロで打ち直し、希望者(といっても、実際に心理療法を志している人だが)に分けることにしては、という事になった。

私としては古いものでもあるし抵抗があったが、大学院の人たちが中心になってすべてをするというので、思い切っておまかせすることにした。「序文」と言われたので、全部読もうとしたが、読みとおせなかった。自分の昔にしゃべったことは、どうも恥ずかしいし、馬鹿げているように思えたりで、読みとおせるものではない。それではどうして発行に同意したのか、ということになるが、それは心理療法というものが、何か「正しい」方法や理論を覚えこんで適用すればいいなどということではなく、セラピストとクライエントとの個性の関わりの中で、その都度新しい発見を重ねてゆくとさえ言えるものである。そのため、あんがいなことが発見のためのヒントになったりするのである。

これは公的出版ではないので、不用意なところや、へんてこな言いまわしも、そのまま訂正されないままのところがある。しかし、そのようなマイナス面が、「実際的」にはかえって有用であることもある。そのようなわけで、ここでは別に正しいことやよいことが書かれているわけではないが、心理療法の実際場面で苦労している人に、何らかの手がかりやヒントを与えることもあろうかと思って、うちうちの人に分けることにしたのである。このようなことが、わが国の臨床心理学の発展に少しでも寄与できると有難いと思っている。

最後に、当時熱心にノートを取り、今回の刊行に同意して下さった山田真理子さんにお礼申しあげたい。また、刊行のために努力してくださった大学院生の方々にもお礼申しあげる。

河合隼雄

I　面接場面の具体的問題

面接中の電話

面接中の電話にはだいたい出ないですね。誰かが電話を受けて、まあ面接中だったら、「面接中です」って言って担当者を出さないのが普通ですね。ところが、正式の相談室としてやっているのでなかったり、周囲の状況によって出なくてはならないときもありますね。あるいは児童相談所や教育施設などで仕事でやっているときでもね。非常に簡単に言ってしまったら、面接中は電話に出ないというのが原則なんです。けれど、現場に入ってやりだすとそうはいかない。だから、これはクライエントとの関係でね。電話に出てもクライエントを必ず次の回に来させるだけの自信があったら出てもいいわけ。あるいは電話に出ることによるマイナスをどこでカバーするかにかかってくる。クライエントによって、絶対に電話に出たりしてはならない人には絶対出ません。けれどどうしても出なきゃならない立場にいるときには、そういう立場にいることをきちっとどこかでクライエントに言う。つまり「何の考えもなく電話がかかってきたら出てる人間ではないんだ。本当はあなたの方が大事なんだ」ということをクライエントに伝えることです。例えば「ちょっとすみません。東京からの電話ですから出さしてもらいます」とか。そうするとクライエントの方でも、東京からの電話なら出てもらっても仕方ないと思ってくれるわけです。ところが、そこに電話を受ける人間がいるわけで、その人の判断に任される面と、それから、その人にも例えば、これがかかってきたら呼べとか、今日は絶対に呼ぶなとか言ってある。それを全部やっていかなかったら本物じゃない。そしてまた、絶対に電話に出ない方法でやってたって、そのために僕の生活が狂ってしまったら、また面接全体だって狂うわけです。だけど、電話がかかってきたら電話を聞き、人が来たら…なんてことをやっている人も、そういう常識と違った世界に完全に「生きて」いるからさまになるんです。それがそうならないのに、それを真似したらえらいことになる。だから、僕が電話に出ないのは、僕ら電話に出てまで人を来させる力、僕にないからね、だからやらないだけで。そういうことは、もし一人で自分が面接やりだしたときには真剣に考えなきゃなりません。だから児相（児童相談所）や大学でやる場合にも全部考えなきゃいけません。で、電話に出たために面接が狂うことがあるわけです。そのときには電話に出た前のところにかえしましょとちょっと言いますね。あるいは、「ちょっと悪いと思いましたけど…なので」ってね。そうするとちょっと解消するわけです。

治療機関の並行利用

一般論から言えば、どこかと並行して治療するというのは絶対避けるべきですね。それは初めにはっきり話してどちらがやるか決めておくべきでしょうね。うっかりすると大変なことになる。しかしこれ、自閉症児のお母さんの方からいうと当たり前でしてね。なんとしても治したいという気があるから、もうあっちもこっちも行きたくなるの当たり前なんです。ほとんどの人があっちこっち行ってられます。そのときにセラピストはむしろ、あっちもこっちも行きたくなるの当たり前だけれど、あっちこっち行ったら良くなるというもんじゃないということを話してあげて、そして「どっちに行くか決めなさい」ということを言ってあげるべきですね。それを両方行かれると子供も混乱しますね。セラピストの方も何かモチベーションが薄れますよね。やっぱり一対一で死物狂いでやらなきゃ力が出ないわけで。これ、やられた方は腹立ちますけど、親の立場でいったら二つくらい行くのは当たり前です。そりゃ一つのところに行ってスイスイ治ったらいいけれど治らないでしょ。そしたら必ず誰かが、「あそこに何とかというのがありますよ」って言う。これも当たり前ですからね。ほとんどの人があちこち行かれる。それは診断してもらうためによそに行ってもらうのはいいんですけど、治療するためによそに行かれるとものすごく困る。

これは特にお医者さんとの場合なんかよくあるわけです。ところがお医者さんと我々がやる場合には、協同関係でないとできない場合には、これはまたはっきりしています。話し合って、「じゃあ協同でやりましょう」というときもあるわけです。そうでない場合はちゃんと気をつけてやらないと変なことになりますね。医者とこちらの関係自体もね。

介入の意味

このケース聞いていて、Aさんという人がずっとこう自分の苦労話をしていきますね。そして反省したりしてますね。するとBさんという人がわりと理屈っぽく介入するところがありますね。そういうところがセラピストとしても関与の仕方が難しいところですね。ここでこのセラピストはAさんに「反省するのはつらいことですね」というところがありますね。これセラピストがちょっと姿勢が傾きすぎたんじゃないかと思います。だからBさんとしてはしんどくなって理屈に逃げようとしたんじゃないかと。あの、ここはもうちょっと平気で良かったんじゃないですか？

セラピストがちょっとグッと乗り出しすぎてBさんにはしんどかった。それから僕ら、別にここでBさんの理屈が合っているか合っていないかなんて考え方よりも、その理屈を本当にこの人が自分の心として言っているのか、離れたところで問題にしてるのかを問題にしますね、こういうときにはね。で、生きたこととして言ってたらかまわないわけで。けど、ここのBさんは単なるdefence（防衛）とかを感じるけれど。つまり、せっかくAさんが自分の体験として言っているのを、むしろそれを離すような言い方で言ってますね。すると理屈のよしあしじゃなくて、そっちに注目できるわけです。しかし実際には話がからみあっていて、理屈のほうにも一理あって、そこに感情がまじってきているから非常に難しいけれども。

他のクライエントの話題

非常に細かいことですが、この中に「○○ちゃんはどうしたのですか」というのが出てきますね。これにセラピストが答えるとき、やはり注意しなくちゃいけません。その辺、長くその地域と関係してやっている場合なんか、だんだん親しくなると日本的になってきてね。秘密を知らず知らずのうちに——自分はもう親しいつもりだから気にしないで——言っていたら、向こうは気にすることもありますから。例えば僕が関係したある知的障害の子供ですけど、やっぱり入学させた方がいいだろうと思って学校に手紙を書いて。そうしたらその学校の先生が、うれしいのはいいんだけれど、そのお母さんに対して「知的障害の子でもうちの学校では頑張ってくれてます」って言って、「誰もそうでした、彼もそうでした」って、今まで来た子供三人も四人もあげて、「それでうまくいってますから」って言ったらしい。それでそのお母さん、僕のところに来てね、「いろいろ言ってくれたのはいいけど、うちの子もまたよそにいって言われるんだろう」って嘆いてらしたからね。そういう善意で言ってくれることでもね。だから僕ら、自分では別に恥とも何とも思ってないけれども言われている方はどう感じられるかわからないから、やっぱり注意が要りますね。

クライエントからのプレゼント

これクライエントが望遠鏡をプレゼントしてくれてますね。このときに、「あんた、お金払ってるんだから、それ以上はいらない」と言いますけど、結局受け取るわけですね。これはセラピストは迷いますね。これまず原則的にはもう京大でお金払ってもらってるんだから、そんなものはいらないって言って、で、あと、もらうことの意味がはっきりした場合にはもらったほうがいいです。そこで一つの方法は、「せっかくしてきてくれたんだから、自分は星を見るから貸してくれ。預かっておく。そして好きなだけ見て返すかもわからない」って言うことですね。この場合はもらったわけですけど。この面接の中でおもしろいのは、セラピストがクライエントに「あんたが約束を守らないのは非常に不愉快だ」とはっきり言いますね。それで最後にまた、セラピストの自宅の電話番号きかれて教えてますね。このやりとりの距離のとり方ですよね。非常に難しいところで、普通だったらなかなか家の電話番号なんか教えないいんだけれども、この場合は教えざるをえなくなる。で、僕はひょっとしたら、望遠鏡くれたから電話番号教えたりしたんかなと思ったんですけども。で、望遠鏡をもらったり電話番号教えたりするときは、こっちがまたパーンと言っていますね、「不愉快だ」とか。これやらないで下手すると、今度は距離が縮まりすぎて失敗します。しかし、こういう相当難しいケースでは、やっぱり自宅の電話番号教えてやるとかしないとダメです。そういう覚悟がいります。で、セラピストの方から電話かけたりするでしょ、あれも絶対必要ですね。普通はやらないことといっぱいやっていますけどね。こんなケースになったら、これやらないとダメです、実際にはね。それで、そうやっているときの唯一の支えというのは、ここまでやってきたんだから、なんかバーッとやっていて説明つかないけれども、何か間違ってないという感じですね。で、実際やってることはこれでいいわけです。

相談料の受け取り

クライエントにしたってセラピストに対するポジティブなものとネガティブなものを出すためにいろいろ苦労するわけです。このクライエントが相談料を目の前で出したりするところはそうだと思うけれども。これは感謝してますという気持ちと、もう一つは非常にネガティブに「先生、金でつられてるのと違うか」と言いたいわけで、で、出したといっても「六〇〇円は安いなあ」と言うわけですね。で、そういうときに大事なことは、「あんた、僕は六〇〇円であんたに会ってると思うか?」と言って、絶対に、なんで会ってるかを確かめないといけないわけです。そうすると向こうも、あぁと思いますね。それで、自分はたった六〇〇円で動いてる人間じゃないということを明らかにしなくちゃいけない。で、僕のやってたクライエントにいましたけど、帰りがけにね、家の外まで出て外で急にお金出して皆見てるところで渡す人いました。その人は、そういうことでもしないかぎり、もう敵意の表現しようがないわけです。で、それを僕らは受け入れられるかぎりは受け入れていく。

「カウンセラーになりたい」

僕らセラピーしてたら、理学部とか工学部の人とか、難しい人だったら必ずくらい「カウンセラーになりたい」って言います。難しい人は人間関係で苦しんで悩んでるからね、そう思うの当たり前です。それともう一つは転移があるから変わりたいと思う。で、長い間悩みぬいて考えたりしてから変わるんだけど、変わったのはいいけれど、その後でまた苦労する人むしろ多いですね。しかし、「へえ、そうか、それなら変えてやろう（転学部）」ということで考えますと、失敗することが多いですね。実際そういう風にして変わる人も多いですけれど。もう少し、対話のレベルでひと勝負あってからですね。その辺に対しては平気で未知数にしていていいわけです。

言葉と本心

向こうが本心と矛盾しているようなことを言っているときにはね、こっちが黙って聴くほど向こうは矛盾をきたしてくるんでね。かえってこっちがちょっと言うほど向こうはとり直せるわけです。カウンセラーに、賛成でも反対でもないけど必死に聴いてるって聴き方されると、向こうは言ってるうちに何かおかしくなってくるわけ。そして、いやそうじゃないとか、ああでもないとか言い出すからね、そのほうがかえっていいかもしれないね。

また別の方法で、向こうの思いもよらないことを一発かますという方法もある。向こうも全然わからないけれど平気で言って、で、向こうは何だろうと思うけど、帰り道になって思い出してね、なんであんなこと言ったんだろうって考え抜く人もあるわけです。そういう場合は、ものすごくインパクトのきついことを言わないといけませんね。

これはまたよくあるんですけど、クライエントが自分で自分の言ってることがわからなくなったっていうところ。こういう、どこかで習ってきたようなことを言ってるうちに全部言ってしまったらわからなくなることあるでしょ。そういうときにね、ひやかすという手があるんですね。「あんた何やらわけのわからないことを長いこと言ったなあ」って言ってね。

明白な問題をもたないクライエント

こういう大学生とかノーマルに近い人のカウンセリングというのは、考えたらやさしいようでものすごく難しいともいえますね。我々の会い方が非常に難しい。はっきりしたneurotic（神経症的）な問題とかもってる人はそれが出てくるし、ヘエって言って感心して聴いていたらいいような格好になるけれども、こういう人はかえって難しいでしょうね。こっちも自分の人格というのを出さなかったらダメだし、で、下手に出していわゆる先輩後輩になってしまったら、これもまたうまく行かないってことでね。向こうもまたこっちが一言述べなきゃならないような、そういう風なものを引き出してくる力をもってるわけでね。だから方向の付け方が非常に難しい。

一つの方法としては、この人いろいろ言っているわけだけれど、聴いているうちにやっぱり矛盾したところがありますね。そこのところを突くという格好じゃなしに、そこをこっちが指摘してやって一緒に考えてほどいてやる、改良してゆくというか、そういう風にしたほうがやりやすいかもしれませんね。例えば、「今のちょっと待ってくれ、ちょっとおかしくなってきたぞ」って言って、「僕はこの辺はおかしいと思うんだけど」って言ったら、向こうが考え直して言う。そしたら「あぁ、そりゃいいわ、それでやったらどうなる?」という風にやっていく。それを下手にバンとぶつかったら、こっちも対抗しなきゃならないし、といってこっちがただフンフンって言って聴いていたんでは向こうも物足らないだろうしね。

それからもう一つ僕が思うのは、ものすごく深い次元で考えたらこの人の言ってることの解答は誰にもわからないわけでしょ。だから僕らとしては、ずっと深い次元で自分でじっと考えているってこともいいかもしれませんね。だから、そういう点で考えながら、やっぱりこっちも本当にわからないっていうので考える。本当にわからないわけだからね。そういうのもいいかもわからない。

クライエントに本を勧める

知的に高くてノーマルに近い人たちにはね、本を読んでもらうのも非常にいいことだと思いますよ。考えておいていいと思います。ただそのときにね、大事なことは、普通と違って読んでこなくても我々はパッと応対できないといけない。それが読んでこない場合に来れなくなったり、読んできてないけどどうしても読んできたような顔しなきゃいけないとか、そんなのが入ってきたらカウンセリングは失敗に終わるわけでしょ。だから本を貸すときってのは非常に難しい。というのは、日本人ってのは、もう貸されたら読まなきゃいけないと思って、読んでもおもしろくないのもあるしね、中には読んでもないのに「ハア、おもしろかったです」って言って。こっちも「そうか」なんて思ってしゃべりだしたら向こうも困って、それがしんどくなって来なくなるとかね。

僕もちょいちょい本貸しますけど、ものすごく慎重に考えます。それから渡すけど、別に読まないでかまわないよ、とか言うときあります。しかし知的にでもせよこういうことを入れなかったらカウンセリング成立しない人いますし。そこより深いレベルに入っていくのはなかなか難しいというところもあるわけでしょ。そういうときに確かによい本があるわけだからね。しかし下手に読ますと、知的な面だけになってしまって、効果がないですね。

保育所を紹介すること

このお母さん、「保育所を紹介してくれ」って何度も言われますね。あの辺、どう考えますか。あるいは不登校の子で「進級させるために学校に言ってくれ」とかね。「見込みがあるんなら進級させたい、見込みがあるんでしょうか」って聞いてくることありますね、実際にやってたら。そういうのにどう対処するか考えておかないと。結局ね、このお母さん、ものすごいしんどいわけです。実際、こんな子をもったらどんなにしんどいか。それをこっちから言うと、お母さんさえしっかりしていたらいいじゃないか、夫婦関係しっかりしたら、とか思うけど、それがこのお母さんにしたら、一番苦しいわけで、そこは盲点にしたいわけでしょ。で、一番言いたいことは、自分は悪くなくて、非常に苦しくて、不幸で、馬鹿な結婚をして、悪いのは主人だ、ということでしょ。そういうときに「あんたはもう少ししっかりしなくちゃならない」なんてことを言われると、荷が重すぎて中断してしまうわけね。だからその人が荷物を背負えるところまでは、こっちはその人を強くするほうにまわらなきゃいけない。それともう一つ言えることはね、この人が現実に保育所を紹介してくれるとか何とかかんとか言い出したときに、まず自分で反省しなきゃいけないのは、この人に荷物をかけすぎているのではないか、この人の荷物をこっちも背負わなくちゃいけないところを、どこか背負うのを失敗していないか――気持ちのうえでね――、この人のしんどさというのを言うなればこちらが共感するのが足りないんじゃないか、ということをものすごく考える必要があります。そしてそういう向こうのきりつけみたいなのがはなはだしいほど、自分の共感の量が今まで少なかったのではないかということ、ものすごく考えますね。で、また、逆に言ったら、四～五回会ったくらいでね、この人の苦しみがわかったらこっちは天才で、わかるはずないんですよね。で、そういうところに正直に応答してたら、実際、保育所をどうするかというようなことは消え失せるわけです。そこでは「その苦しみはわかっていません」というよりは、「一緒に考えたいと思います」とか言ってて、で、心が通じたら、次向こうは何も言わないですね。で、通じてなかったら、「先生、あれどうなりました?」ってくるわけね。もしそうなったら、しょうがないから、ここではできないということを言ったらいい。そのときに何がルールでできないとか、ここはしないところだとか、他でやれとか言うんじゃなくて、そうまで言いたいあなたの気持ちを僕はどれだけわかっているか、というところで勝負したらいい。で、そういう方法で通じない場合は、僕は保育所世話しますね。我々凡人としては、そういう具体的なことでしか応答できない。それがものすごい人だったらね、何もしないで治せるんでしょうけれどね。僕らいつもそう思います。

自分の器に合わせてやっていくってこと。そしてそのときにまた、自分の器とクライエントの器とがあるからね。あなたが保育所世話したって、余計に悪くなるときあるね。保育所世話するんだったら、主人も世話してもらいましょう、ってなことになったらえらいことで、そうなるんだったら、保育所世話せずに中断するほうがよっぽど幸福です、お互いのね。だからここで保育所世話しようと思って動く場合には、ものすごい覚悟か見通しがいるわけです。つまり、保育所の世話ということによって、相手が安定して、安定を土台にして向こうが考えだすという見通しがあるか、保育所の次にもう一つ言ってきても、俺はやれるっていう何か見通しがあって初めてするのでないといけませんね。そのときにできもしないのにホイホイ言って保育所を世話するのは一番の失敗で、今言ったように次の問題を抱えたときに逃げたら、ものすごく傷が大きいからね。お互いの器とか問題とかあるから、これだってこのときに保育所を世話したほうがいいとは必ずしも思わないわけで、下手したらもっと難しくなってしまいますね。

母親面接への抵抗

この人が「自分は本当にダメな母親です」と言うでしょ。このときにおかしな言い方だけれど、ダメだということがセラピストにもわかるし、その本当にダメですねえ、ということが共感できてそこから建設的な方向に向かうんだったら、ダメだということを納得したらいい。けれど、何か向こうも口先みたいだし、セラピストも「本当に」って言えないわけでしょ。そういうときには無関心であるよりしょうがないですね。だから「私は悪い母親です」って言っても「あっ、そうですか」「そう思われますか」と言ってたらいいんです。で、僕だったら、こういう人とよくやるのは、仕事でどんなことしてますか、とか、仕事の上ではどんなに有能な人だとか、そんな話をしばらく続けます。で、結局そういう風にこの人が人間として頑張っているということを僕が認めてるということを作るほうが先ですね。それで、どうもこの人は恐くない、と思うほど、向こうは言いやすくなるわけでしょ。クライエントが強い人ほど、真っ正面に問題に入っていって、真っ正面に問題に対していくけど、弱い人ほど周辺からかためなきゃいけないわけでしょ。

それからこういうときにね、子供だけセラピーして、お母さんをおいておく、ってことありますね。で、お母さんは問題ではないという格好をするわけですね。で、子供が問題だから子供を引き受けましょう、って言ったら、お母さんものすごく楽になるわけです。そこでお母さん、物を言いたくなってくるわけです。向こうが言いたくなった時点で引き受けると、ものすごくやりやすい。で、そういうときは、親も子も一人のセラピストがやったほうがいいかもしれない。そのタイミングがよくわかるわけです。つまり子供の前で「いや、子供さんを引き受けます。お母さんはまあ待っててください」って格好をすると、お母さんの方はワーッと言いたくなってくるでしょ。で、ものすごく言いたがってるなってわかってるほど「じゃあさよなら」って帰して、すごく言いたくなったときに、「今日はちょっと話しましょうか」って言ったら、ワーッと出てくるんですね。そのときに「あなたよく考えておられますね、それじゃまた」って言って、また帰すわけね。

放ったものを拾うゲーム

子供っていうのは、よく放りますね。いやになるほどね。あれ、発達段階からいうと、何歳くらいになるのかな。乳母車なんかからバッと放ってね。で、拾ってくるとまたバッと放って、そんなんして遊ぶ時期あるでしょ。僕が以前セラピーをやった子でね、六歳くらいの女の子だったかな、窓からポイと捨てるわけね。そしたらそこからは出られないから、向こうからバーッと回って取ってこなきゃならないわけね。取って帰ってきたら、待っていて、入ってきたらまたポイと放って、またバーッと取りにいってね、そんなことあった。それも考えてみたら、ものすごい信頼関係を確かめるゲームでしょ。片方放って、片方拾ってくる。子供にとって放ったものを拾ってもらうというのは、ものすごい確かめになるわけでしょ。つまりね、放ったものを拾ってきてもらうというのは「たとえ私が捨てたとしても、あなたは拾ってくれますか?」というものすごい問いかけでね。片方がルール破りしてるわけでね。だって普通だったら拾ってもらったら「ありがとう」って言って、キープするわけでしょ。それを「私がルール破りやっても、それをあなたは許容しますか?」という問いかけだから、ものすごい確かめだと思いますね。もっとひどくなると、三階の自分の家の窓から放るとかね、なってきて、そういう確かめをプレイの中で全部やっていくみたいですね。バーッと寄り掛かってきて支えてもらうとかね。家では全部否定されてるわけでしょ。

飛び降りる

高いところから飛び降りて、バッと抱いてもらう遊び、子供のものすごく好きな遊びの一つですね。

あれこそ、信頼関係を確かめるものすごくいい遊びだと思いますね。人から聞いた話だけどね、ユダヤ人はね、子供に階段を飛び降ろさすんですね。それで、順番に高い所から飛ばせて受けていって、一番上から飛び降りたときに、親父さんがパッといなくなる。で、ドーンと落ちたら、人間っていうのは父親でも裏切ることがあるという、これがユダヤ人の教えだというんですね。だから、今度、セラピーではそれを逆手にとってね、子供がそうしたときに、パッと抱きとめてやって、人間ってのは親でなくても抱くことがある、ってね。これを聞いたとき、何とも言えない、ものすごい教訓だなあって気がしたね。

クライエントの誕生日

クライエントの誕生日にセラピストが贈り物をするってこと、考えますか?

誕生日ごとに祝ってたら、セラピストはたまったもんじゃないですけど、そのクライエントにとっての誕生日の意味ってのをセラピストが非常に感じたときはどうしますか?

難しいですね。これ、いろいろ考えられるんですけど、うまいことといってる場合にはやりませんね。そのことで治療関係がもう一段上がるとか、あるいはすごい象徴的な意味をもつんだったら、あげます。それから、その誕生日を非常に大事な儀式にまで高める力があるかにもよります。何をあげるかも、難しいですね。

II　クライエントの内的力動

母親の考え方の変容

障害児をもつ母親誰だってね、うちの子は他の子と違って、ひょっとしたら普通の子になるかもわからん、と一生思い続けるんです。そしてこれ、カウンセリングを、もっと非指示的にやるとね、非常に早いこと、割合簡単に「こういう子をもってよかった」ということになる。分裂病（統合失調症）の子のお母さんとなんかやってたら割合早いこと「こういう子をもったために、人生を考えた」とか「ああいう子をもったために、自分は考えることができた」とかいう話が出てきます。で、こう、ものすごく反転したところで終わったらかっこいいんだけれど、それが一番はじめなんです。それが「だけれども、治るかもしれない」とやはり思う。それが一番よくわかるのは、自分のことを考えたらいい。僕だって絶対治し得ない欠点というのはあるわけで、それがあるのに治ったような気になって、あるときやっぱり治ってなかった、ということわかって、毎回毎回同じことやってる。これを非常にネガティブな言い方したら、フロイトの反復強迫的なというか、しかしそれをポジティブにみると、そのことのためにそこでその人は自分の人生をいろいろに描くことができるわけです。だからあるときには、本気かどうかわからないけれど「他のお母さんより私は幸福です」なんて言う人いますよ。「この子をもったために、私は他人を理解するようになった」とか、あるいは「この子をもったおかげで、自分ははじめて成績の悪い子供たちのことをわかるようになった」とかね。それだけ聞いてたらすごくうれしいですね。だけどあくる日になったら「自分の子はどうしてダメなんだろう」と絶対思うんですよ。だけどそれは同じレベルではないんですよ。それはこうして螺旋状に上っていく。螺旋状に上っていくその中心点に、この障害をもった子供というのがいるわけですよ。

お母さんが「この子を生きがいにしてる」って言いますね。これ非常によくあることですけど、例えば三人子供がいて、どの子か一人知的障害の子とかがいた場合に、この子を全く排除する場合と、その子が絶対的なかわいさというのをもつ場合とがあるわけです。他の子は放っといても育つけど、この子こそ母親が要るんだという気持ちになるとね、その子との関係がすごくsymbiotic（共生的）になってくるわけです。で「この子が生きがいで、この子がどうかなったら私はどうなるかわからない」と言うでしょ。これをもっと言い換えるとね、極端にいったら「この子がよくなると私は生きがいがなくなります」と言い換えることができますね。

自閉症児のお母さんの一つのパターンだけれども、「まだダメだ、もっと」っていう風にして、変わったということをなかなかappreciateできない（味わえない）ですね。それがまたなければ、もちろん母親とは言えないんで、あって当たり前なんだけれども、それがものすごく前に出る人とそうじゃない人がいるわけです。まず「変わったことはありません」というのが共通のパターンでしょうね。それはつまり「期待したほどではありませんでした」ということでしょ。僕がやったお母さんも「変わったことありませんわ」とか「たいしたことありませんわ」とかまずいやな顔して言って、で、話しているうちに、だんだんいいことが出てきてニコニコしてくる。だけど期待に比べたらそれをだいぶ下回っているというのは事実ですからね。

甘えるということ

結局思春期がやってきたときにその思春期を乗り越えていくには、そのお母さんとの関係が問題になってきますね。このクライエントのような難しい人の場合には、共生的な非常に低い段階で一緒になっているけれども、もう一つ人間的なレベルでは結びついてないわけで、こういう人よくあります。例えば二〇歳になってもお母さんのおっぱいをなめていたりね。この人もお母さんと一緒に寝てるって言ってますけど、そういうことをしながらその人にきくと「もう自分はお母さんに全然甘えたことがありません」と言ったりする。「その甘えるということがわかりません」と言うんですね。ところがお母さんにきくと「あの子は甘えん坊でね、今でもおっぱいなめるんですよ」なんて言われる。つまり、本人は要するに心理的に甘えるというのがどういうことかわからないわけです。わからないから必死になって求める。だからそういうことするんでしょうね。ところが決して甘えられてない。

鏡

鏡っていうのは分身体験なんかある人にとっては非常に恐ろしいものです。depersonalization（離人症状態）になったときによく出てくるのは、鏡を見たときに、鏡に映っているのが本物で、自分の方いが映像ではないか、という恐れが起こってくる症状があります。で、あるカウンセラーが二つくらいその症例を治療してますけど、鏡を見ているうちに初めは私が映ってると思ってるけど、急にものすごく恐くなってくるわけね。つまり向こうが本物で、自分が映像だと思えてくるわけです。それは結局ものすごい自我の危機ですね。自分の存在というのが非常に希薄になってくるわけです。それが今言ったように離人症状態になったり、鏡が本物だと思ったり、もう一人自分がいると思ったりする。そういう中に鏡というのが非常によく出てきます。

このケースの子供がね、三輪車で何べんもひっくりかえって泣いて抱いてもらうけどね、これやっぱり何か、外傷体験を何べんも訴えて癒されていくような、そんな過程のように思います。そこで本当に関係ができていきますね。それとそうして甘えてバーッとしてるところを鏡に映したというのは非常にいいと思いますね。はっきりさせるというか確認するということ。これと同じことがカウンセリングでも起こるわけで、同じことを訴えられて泣かれて、本当にそういうことがありましたねえ、ということを確認して、それからどう生きるかということになるわけでしょ。それと同じことをこれは行動でやっているような感じですね。つまり何というか、癒される儀式みたいなことを何べんもやって、そして、わかった、ということ。そしてそのわかったというところを鏡に映したというところが非常にいいと思う。

美　人

僕の仮説はね、美人というのは非常に気の毒でね。なぜかといったらね、美人であるというだけで、例えばイタズラされたり、自分が全然相手に愛情を感じていない男性から突発的に手紙が来たりなんかするでしょ。つまり、自分が年齢的に発達する前に、男性の侵入を受けやすいわけです。そしてそのときに、ひょっとしたら自分が悪いんじゃないかと考えだすわけね。自分の態度が悪かったんじゃないかとか、自分がなにか悪いことしたんじゃないかとか、つまり身に覚えのない恐れっていうのを感じる確率が、美人であるというのは非常に高くなるわけです。もっと言えば、全く自分の人格と関係のないようなところで強烈な恐れを感じる体験が美人の人は多いっていうこと、それが一つ。それからもう一つは美人であるということは、アイデンティティが確立しにくいんです。つまり、男のやつがよく寄ってくるけどね、それは自分を好きで寄ってくるのか、美しい顔を好きで寄ってくるのかわからなくなるわけで。といったところで、その顔に関係のないその人を好きになるってこと、それは非常に難しいわけでしょ。そうするとそれは、その人にとってはものすごくいやなのね。で、その自分の美しさがいやになるというのは、自分の女性性がいやになるということで、そこからもうずーっと否定したくなるわけです。だからそういう意味でも、こういう女性性を否定したくなってくる一つの原因として、美人の人っていうのがあげられるんじゃないかと思います。実際にそんなこと自分は全然思ってないのに、イタズラされたり手紙が来たりするということは大変です。そこでまた、それがちょうどよい加減の年齢で来たらね、その手紙が来たということが、お父さんにもお母さんにも言えないのが秘密という風になって、かえってその人のアイデンティティが確立する場合もある。親にも言えない秘密をもったというところから、自立してゆくことができる。だけどなかなかそうタイミングよく手紙って来ないでしょ。出す方もそこまで考えませんしね。これは、その女性性の発達の課題の中で、そのような出来事がどういう意味をもったかということ、ものすごく大きいと思います。特に女の人のセラピストにそういうこと研究してほしいですね。

男性からの手紙

女性の自我の発達にとって、男の人から手紙をもらうっていうことが非常に大きな意味をもつことありますね。僕ら経験しますけど、四〇くらいになったお母さんをカウンセリングしていてね、そういう人が「自分は中学校一年生のときにはじめて手紙をもらいました」っていうことをね、言う人がいます。それほどものすごく大事なことになっている人もあるわけです。で、それを僕らに言うということは、ものすごく人間関係も変わるし、結局、その人が、その中学の時代から変わって四〇歳の女性になるためには、その秘密を捨てなきゃいけないわけでね。で、そういうことを、その人は、もう誰にも何ともいえない秘密を打ち明けるっていうような顔をして、僕ら、グッと聴いていると「何だ、手紙が来ただけのことか」というようなことですけど、その人にとってことは、内的にはものすごく大きなことなわけです。そんな人には「主人にも言ってません」っていうような人が多いです。それほどの意味をもっているということですね。

心と体のハーモニー

僕が思うのは、結局心と体というのは関連していて、自我っていうのは、心と体の両方のコントロールできるんですね。で、心も身体も一つの全体として動いているわけね。で、全体としての動きの中で、自我をもっているというのが人間の非常におもしろいところであるわけなんだけれど。ところが自我の方の動きがあんまり強くなりすぎるとね、体とハーモニーしなくなる。つまり、心的に頑張ろうとしすぎると、休息という、こちらを忘れてしまう。あるいはあいつに負けないようにしようと頑張りすぎて、結局はリラックスできなくなるということが起こってくるわけです。そうするとこういう言い方ができるわけです。つまり我々サイコセラピーやってる者は、この自我を弱めてこの全体としてのハーモニーというのを取り返すのがセラピーということだ、ということです。

「何も生まれてこなくてもよかった」

クライエントが(難しいクライエントほど)結局一番言いたいのは、「何も生まれてこなくてもよかったんじゃないか」ということ、それが一番大きな問題でしょうね。親父とおふくろが勝手に生みやがって、しかも自分を拒否して…ということね。それで何に向かっても立ち向かっていこうとするわけです。ところがそれが本当にそういうことであったなら、この子は生きてることができないわけです。だからその前に、この子にとっては、自分はやはり愛されているということが、確認されなければならないわけですね。それがこのケースだと、どうもこの人は自分を愛してくれているようだと確認して本当に面接に入るまで、一年くらいかかっているということです。で、セラピストの個人生活について尋ねるというあたりから positive transference(ポジティブな転移)が強くなってくる。そして最高に達するときがあのプレゼントですね。その辺からもうだいぶ確信ができてきたんで、そこで行動がよくなってくるわけです。学校に行きだすでしょ。

結局しかし、我々の自我とその底にいろいろなコンプレックスとかあるという風に考えますとね、我々は現に生きているということは、非常に底のものを体験するというのは、滅多にないわけです。僕だってなぜ生まれてきたのかわからないし、人間なんて、信用してるって言っても、本当は誰も信用できないかもわからないですよ。我々はだけど、あんまり深く考えないおかげで、ちょっと「おはよう」と言ってもらっただけで、喜んだりするわけ。でも深く深く考えるとね、ちょっと人間なんて全部信用できないと思うんです。で、全部人間が信用できないというところから、なおかつ integrate（統合）していった人というのは、ものすごい宗教家でね。仏様とかそういう人です。ところが僕ら、そういう深いところまでいかずに、この（図1の）①（自我）のあたりでだいたい生きているわけです。ところがこのクライエント（中学生）がね、そんなことまでやったというのは、素質的に弱かったと、そういう言い方もできるわけです。

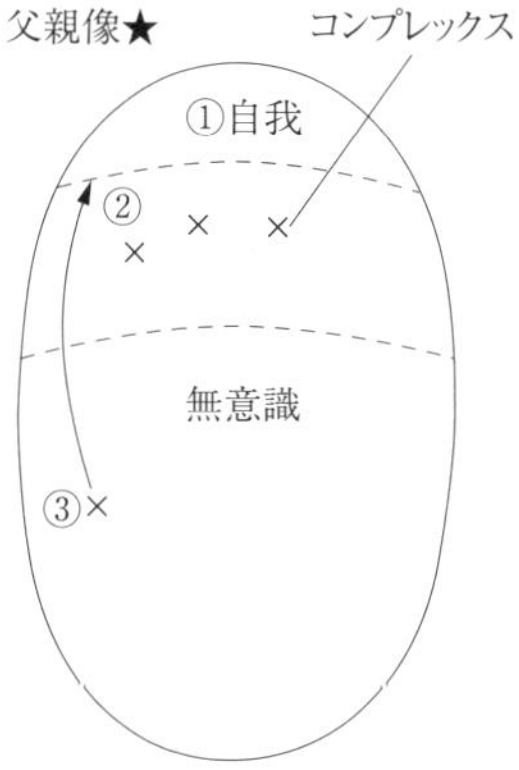

図1　心の構造と動き

だからこの子は他の中学生、他の小さい子供よりははるかにはるかに深いところから突き上げを食うわけですよ（③からの矢印）。そうすると、その突き上げにふさわしい父親像っていうのがここ★に要るわけです。ところがこういうの②（コンプレックス）を投影されると親父の方も恐くなるわけです。つまりこれを引き受けたら自分が危ないでしょ。だから「こんなんうちの子じゃない」と、こうなるわけですね。で、そうなると、③（個人を超えた無意識）がまた強化されるわけでね。そうなると親父の方はますます恐くなる。

両方で強化しあっている。そんなところに途中から入ってきた人は本当に命が危なくなるわけです。こういう投影を引き受けさせられるからね。そういう見方もできる。だから難しい人のケース聞いてみたら、周りの人、よくけがしたり転んだりしてますよ。それでこういうこと思うんですけどね。で、こんなように原因論的には、いろいろ言えるけれど、ここで大事なのは、サイコセラピーで治るということです。ただし、こういう難しいクライエントになるとサイコセラピーといっても局面が変わってきます。もうルールを破ることもやらないといけない。なぜかといったらね、サイコセラピールールというのはこの上の方(①)のことだからね、この上の方の問題だったらルール通りでいい。けれどここまで(③個人を超えた無意識)おりてきたら、その限界を超えたこともチラチラやらないとね、動かないわけです。ところがこれチラチラ以上にやると、こちらが死ななきゃならなくなる。で、死ぬのがいやだから、大体そういうケースは中断しますね。

projection(投影)

クライエントがだんだん強くなってくると、とうとうお父さんに対するネガティブなものを出せるようになってくるんです。で、そのときにまず、セラピストに対して出してくるわけです。だからnegative father image(ネガティブな父親像)をセラピストにproject(投影)してこれからやれるわけです。ところがそのベースになっているのはセラピストは愛してくれるということです。それをベースにしてネガティブな父親としてのセラピストにものすごいつっかかってくるわけです。この子の底に流れているのはいかんともしがたい腹立ちというか不信感というか、それを安心して出せるのはセラピストしかないわけです。こういうと、言い方としてはかっこいいけれど、これやられてる方はたまったもんじゃないですね。そこまでは思えないですからね。だからこの子、ものすごく攻撃するところと、すごくポジティブなところと両方が出てくるでしょ。その両方がね、そりゃもう当たり前でね。確かめておいてからバーッとネガティブなものを出してくるわけです。こっちにしたら、「おまえいったいどう思っているんだ！」と言いたくなる。ここのところを乗り切るというのは、もうある程度、原則を破って行動しないとできません。その原則を破るほどの気がなかったら、向こうもこちらのポジティブなところをわかってくれません。しかしここであまりのめり込んでしまったら、今度はこっちがやられてしまう。やられてしまってはこの子は助からないわけです。で、大切なことはね、そのネガティブな父親であるということはね、やっぱり怒らなきゃいけないわけです。父親として動かないといけない。だからセラピストが怒るところあるでしょ。叱りつけますね。これを絶対やらないとダメです。これはつまり絶対的な信用を土台にして、叱るわけですね。これがただベタベタやっていたのでは、この人はネガティブな父親というのを見つけることができなくなってしまう。父親そのものには当たれないわけで、セラピストは一週間にいっぺんだから当たれるわけです。ここにセラピストが一週間に一度しか会わない意味もあるわけです。とはいうものの、当たられた方はものすごくしんどいし、この子に腹立ってきますね。ここで、僕、失敗したことあるんですが、そのときにひきすぎたらダメです。つまり、受け入れようとしすぎるとダメですね。どこかネガティブな父親であることを示してどならないといけないわけです。それがなかったら失敗しますね。というのは向こうがせっかく頑張っているのにね、こっちが親父じゃなくてお母さんで、その気持ちはよくわかる、よくわかると言ってたらね、向こうのやってることとの意味がなくなってしまう。だからどこかでネガティブな父親の役割をしっかりと演じるときがないと、ダメなんです。けれどそれはタイミングが難しい。あんまり早いとこ叱っては、土台の信用まで崩れてしまうからね。どこかまでは受け入れていかなきゃいけない。

それからあるところで、よそにpositive father（ポジティブな父親像）らしき人が現れてくることがあります。これはものすごく利用しないといけない。こっちがネガティブなものを引き受けている間はね、ポジティブな人がいないとクライエントは生きていけないわけです。だからセラピストはネガティブな役割として心得ているのと、ポジティブなその人とネガティブなものを含んでの父親と両方を引き受けることになる。その辺がわかってくるとね、クライエントがその他の人を誉めたりしてもあんまり腹が立たないわけです。でもはじめは腹立ちますね。こっちは本気でやっているのに、その人なんてチョコチョコ出てきて、俺をなんと心得てるってね。けれど実際は、その人がいるからこそ、セラピストに当たれるわけです。それとおもしろいのは、当たる対象のセラピストと、他の人（ポジティブな父親）のいいところを言って確認するセラピストと、向こうはちゃんと分けてるわけです。そこがわかってこっちが大きい目で見るようになると、あんまり腹が立たなくなる。「そうか、いい人だなあ」とか、言えるようになる。

それから、大事なのはこの子の言っている父親像は実際の父親というのとは違うんでね。つまりもう父なるもの、と言ってもいいような、そういう人類の非常に底にあるようなものなわけです。それが一番言いたい底に流れているものであって、それをこの子が普通の人間である僕たち、つまりセラピストに伝えようとしても伝えられないのは当たり前なんです。それを伝えようとする。こっちはわかろうとする。しかし話はやっぱり自我の領域の中で行なわれているわけでしょう。ただ、そこまで自分のことを一生懸命やってくれているということが伝わる。それが底に流れていればいいわけで、そうすればこの子がだんだん統合してゆくわけです。

セラピーの難しい人ほどね、母性役割と父性役割の両方をセラピストに同時に要求するわけです。それがある程度、力のある人はどちらか一方をある程度こちらに要求して、こちらが母性的な役割を終わった頃に父性的な役割をとるように変わってくれるけれどもね。だからセラピストとしてはものすごく難しいわけなんです。どっちしたらいいのかわからないわけなんです。ちょっと父性的な役割をとると甘え足りないような顔するんで、ちょっと甘えさせてあげると、今度は「先生は毅然としていない」なんて言うわけですね。

外傷体験と人生のテーマ

このケースでは、ここでいよいよトラウマが出てきたでしょ。このトラウマというのは先生が死んだこととおばあさんが手術したことですけどね。これでもね、考えてみれば、僕らだっておばあさんが手術したり、先生が死んだりしてるわけです。だけども何にもトラウマにはなってない。だから、トラウマをもつというのは、その前にコンプレックスがあるからだ、これがあるからここにトラウマが重なってくるという言い方もできるわけですね。トラウマ・セラピーというのはフロイトの中で、一番はじめにできるわけでしょう。これを簡単に考えると、その人の素質の中には何も問題がなくて、何か大きなトラウマをもったからヒステリーになったんだという考え方でね。ところが、実際はそうじゃなくて、逆に、そういうトラウマをトラウマとさすようなものがもとからあったんだという考え方してもいいわけでしょ。だから、これを外的経験ということを重視すると、こんなお父さん(お母さん)だったから、この子はあんな風になったんだと、父親(母親)と、この子の関係だけを強調することもできるし、また、そういう父(母)子関係を作り上げたこの子の素質的な弱さも間違いではないと思うんです。

で、ここでとうとうおばあちゃんの手術の話が出てきますね。医者が手術で取り出した胃袋を「捨てた」というところね。これは自分の傷、痛みをいかにみんなが同情しないかということを言ってるわけでしょ。しかしこの子が「やっぱり捨てなきゃしようがない」と言いだしたら、だいぶトラウマも解消しているわけです。その前にこれを夢で見ることもできますね。夢で見てそれを話して、で、自我が統合できるわけです。だからクライエントが今ここで言えたということは、かなり統合できました、ということでしょうね。

このクライエント、確かに事故にあっているんだけどね、この子が事故にあったということがこれだけ残るということは、どこからともなく、ボーンとやられるということがこのクライエントの人生のテーマであるという風に言ってもいいわけでしょ。つまりこの人は、お母さんとの関係で、非常に守りが悪いということが言えるわけです。僕は外傷体験ってみんなそうだと思うんだけれどね。外傷体験というのは、外傷体験そのものが事実として問題であるというよりね、そういう外傷体験を定着せしめるような、あるいは外傷体験がその人の人生全体のテーマとなりうるようなそういうものがあってこそはじめて外傷体験となると思うんですよね。

それでこのクライエントがセラピーの中で、絵で「先生が轢かれているところだ」と言ってるのは、そのことイコール自動車にやられたことじゃなくて、そういう全体を含めてのことを考えて、そのことのつらさ、恐ろしさということをセラピストに体験させているわけだから、ここでセラピストはちゃんとやられないといけない。「ウワー、轢かれた」とか、「やられた」とか言ってやる。そしてそれにのってこなかったら、まだその時期が来てないってこと。このクライエントは、本当に困ったということをそれまで言えなかったのに、遊びの中でそれをやっているわけだからね。言ったら、どうやらわかってくれるみたいだし、わかってもらえたらうれしい。けれど完全じゃないから何べんも繰り返してるということをやっているわけです。この事故、やっぱり事故そのものじゃなくて、この子の人生全体って感じがしますね。

結局ね、人生って考えてみたら、何やらわけがわからないけれど、怒られることってあるわけです。いろいろみんなそれなりにあるわけだけれど、そのときに守ってくれる人があるってことで深い傷にならないですむわけでしょ。ところがそれがない人というのは、深い傷になるし、それがテーマになりうるわけです。というのは今度またやられるんじゃないかと思うほど、人間ってやられるからね。するとまたやられたということで、古傷を何べんでも強化されるようなことになっていくんじゃないかな。だから、その事故の傷も傷だけど、心理的なものも、ものすごく大きいでしょうね。

症状形成

このクライエント、よくなってゆく途中で、強迫症状が出てきますね。これよくわかりますね。つまり強迫症状をもっている人は、自己の深い無意識のこと、人間の根底にあるようなことを問題にしてるわけで、それを無意識的に防衛しようとして、症状を出しているわけです。だからこれなんかも言ってみれば、この子それがちょっとこうわかりかけて出てきたわけね。だからこう、強迫症状でおさえて、そしてまたずーっとやっていくということをやっていくわけです。そうすると今度はもう症状も消えていくわけですね。こうなるとこのクライエントの場合、お父さんのせいばかりにはできないわけです。考えてみたら、そういう人生の深いところから突き上げを食うような子供をもったお父さんというのも、ものすごく気の毒なわけです。

普通の親父だったら、ボーッとしてても、「お父ちゃん！」って言ってくれるのにね。ちょっとくらいやったことでもみんな人生の根底と引き比べられてるわけでしょ。だからもう、「こんな子うちの子じゃない」って言わなきゃならないようなことが起こってくるわけですね。

儀　式

この子がいっぺんセラピストにやってほしいのはね、この父なるもののレベルの父親らしいことです。いっぺんでいいからね。我々はいつも、常識的人間として会っているわけでしょ。だから、この子が「僕、甘えたいんだ」というときには、こう、セラピストがこの子をサッと抱けばね、スーッと治ってしまうようなもう神様に近いお父さん、あるいは「来て」と言ったらいつでもパッと来てくれるような、そういうやつになって欲しいわけですね。で、僕、ときどき思うのは、非常にうまいこといったときにね、一つの儀式として神を体験することあるでしょう。ものすごく守られた空間でね、非常に何もかもそろったときには、この子を抱いたら、これがわかるのと違いますか？　しかし、それは一方で危険なんですよ。というのは、我々があれだけへんてこな儀式をやりまわっているということは、儀式なしにやったらみんな死ぬからです。だからみんな頭剃ってみたり、紫の衣きてみたり、何かふりまわしたりしてやってる。というのは、ああいう道具だてを全部持たなかったらね、危ないわけです。坊主が頭剃ってるいうことはね、つまり毛を剃ってしまってるということは、首を切ってしまったということと同じ、もうすでに死んでるということです。だからもういっぺん死んでるから、死なないようになってるわけです。でも我々は頭剃らずにやってるわけでしょ。それでもできそうな気がするでしょ、そして、「よし、今度いっぺんどこかで飯食おうか」とかしたくなって、「うんとうまいものを食わしてやるからまあ食ってみろ」というような、こんな親父をやってみたくなるわけですね。でもあんまりやらないほうがいいと思います。僕らやっぱりそう言いながら、ずっと面接室にとどまっているから、この子は何べんも何べんもこれをわからせるために苦労しては、物を持ってきて渡してみたり、怒ってみたりしてやれるわけです。だから僕らやっぱり頭剃ってないからね、限定された空間の中でやらなきゃしょうがないんじゃないかと思いますね。でもまあこういうのが成功するときもある。全部整ったときには儀式はしうるとも思います。でもこれは危ないです。こういうことを考えだすと、逃げに使いたくなる。というのは、こっちもしんどいでしょ。儀式っていったらかっこいいけど、下手したら魔術を使いたくなるからね。これは絶対にいけない。魔法を使いたくなって失敗するからやっぱり我々は自分が人間だということ、髪剃ってない俗人ですから、部屋の中でやったほうがいいと思いますね。ひょっとしたら最後の終わりのときに、何か儀式ができることもありますね。そのくらいなら。でも、今言っているような意味ではやろうと思わないほうがいいと思います。僕らそれほどすごくないです。

プロセスの忘却

カウンセリングでいろいろなこと言って治っていってね、こういう風なことを言ったこと忘れてしまう人ありますね。話した内容全部忘れてしまう。こっちはもちろん興味があるわけで、すごくやったように思ってるけれど、向こうはもう、何か知らないけれどもうよくなったというので、もう忘れてしまうというときもあります。もう、そういう風なことを統合するというのは本当にしんどいことですからね。僕ら、商売柄といったらおかしいけれど、まあ商売柄感激してるけどね。やった当人にとってはやっぱりつらいいやな思い出になるんと違いますか？　やっぱり苦労したし、みんなから気がおかしいと言われたし、そういうこと事実でしょう。だから、それをよかったなんていうのはこっちが言うことでね、やった人にとってはこれは忘れたいと思いますね。セラピストにすれば輝かしきプロセスですけれどね。本人にしたらこの間のことみんな残ってるわけでしょ。誰が気がおかしいと言ったとか、どなられたとか、ムチャムチャ怒られたとかいうことがね、事実あったわけだから。そんなのもうみんな忘れたい、忘れてしまう人もあります。

それから、中にはすごい人はそういうようなのをちゃんと小説に書いてね、統合する人もいますね。それは相当な人ですね。だけれども、そういう人だって小説に書いて売ってみんなに見せないと、統合できないわけでしょ。だから何ともいえずつらいことでしょうね。自分の血を売ってるみたいでしょうね。

で、こういう子、例えば治ってしまってね、すると本人にとっては、なんであんな馬鹿みたいなこと言っていたんでしょうってな感じになるときありますね。そうするとむしろ、意識の上の方をがっちり支えていくようなことがこれから増えていくと思います。その年齢の子がもつべき関心の対象ってあるわけね。そういう方へ向いてしまうこともありますね。

それから、そういう風にもうよくなってだいぶいってるようだけど、ときどき不安になって、そんなときに、それを言っても気がおかしいと思わない人が一人いるわけですよ。するとセラピストにはいくら言っても気がおかしいと思われないから、むしろ悪いところを拡大してバッと言ってきて、こっちはびっくりして、そんなにいけませんか、なんて言うと、いや元気でやってます、なんて言う。こっちは、どうなってるかわからないなんてことになることもある。で、もっと力のある人は、その反復強迫をもっともっと輝かしいものに変えていくことができる人もあるわけです。もうその辺は、クライエントの道に任すほかしょうがないでしょう。こっちができるもんじゃないしね。

過保護と愛情

これね、女の人が一人でこういう自閉的な男の子を育てるということがどんなに難しいことか。これはどんなにすばらしい女の人でもなかなかつとまりませんよ。ましてこの人、男の人と別れててね。変になっても当たり前の話ですよね。悪循環起こして当たり前なわけでしょ。かわいそうだと思うからジュースをいくらでも飲ませてやってしまう。けれど、この子供の方からいったら、どんどん飲まされるものというのは価値がないわけです。だから奪いとらないとやっぱりおもしろくないわけですね。「ほしい」「いけません」とか言ってやっともらったら価値があるけどね、いつもいつも冷蔵庫に入っていたらね、お母さんの愛情があるのかないのかわからないわけです。するとつまり、どこかでムチャクチャを言わなきゃならないようになるわけです。そしてムチャクチャを言ったら、ほっぺたをバーンとはたかれたりね。そうしたらまた愛情がないんかと思いますね。だから子供の方にしても、お母さんの愛情を常に疑い続けなければならないことになります。このお母さんの心の一番底にあるのは男性に対する不信感で、それはもう一番大きいわけでしょ。それを心の底に爆弾みたいに抱えながら、この子と二人だけで二間か三間か知らんけれど、そこで暮らすというのは大変なことです。そりゃあものすごくちぐはぐな状態になっているわけです。で、これもそうだけど、過保護の家っていうのは、だいたい愛情が不足してると思う。なんか妙なところで物をもらっているというのは、本当の「うちの子だ」というのがないわけですね。

笑い

赤面恐怖の人や対人恐怖の人で、笑うというのは一つの典型ですね。十七、八歳くらいですか？よく笑う時期ありますね。あの笑いです。笑いというのはね、距離をとる非常にいい方法なわけです。

笑うことによってパッと距離ができるでしょ。例えば一番簡単なんだったら、プロポーズして笑われたらいっぺんですね。ハハなんて言われて「御冗談でしょ」なんて言われたら終わりでしてね。それを言葉で切ろうと思ったらすごく難しいけれど、そこを笑いで距離をとってるわけね。僕ね、思春期っていうのはね、対人的な距離感がものすごく難しい時期だと思う。特に女の人の場合にはね。だから少女時代ってよく笑うって言うけれど、それは唯一の距離をとる方法なんだと思うね。そしてこのクライエントの場合もそれに近い笑いを感じます。だからある程度こっちも笑わなきゃいけませんよ、そりゃあね。というのはその笑い以上に近付いたら、クライエントはものすごい脅威を感じるわけだからね。しかしカウンセリングである以上ね、笑わなきゃいけないけれども、その中にちょっと不安を高めるようなことを入れてパッとはずしたりすることも考えて入れていかないといけない。そうじゃないと世間話的にちょっと入りすぎる感じになったりするからね。

死のコンステレーション（布置）

人間、深くいけばいくほど死とか母とか皆一緒になってくるわけです。それが、このクライエントはまだまだ非常に不明確なまま体験してるわけで、つまり、自殺とか池が恐いとかいうことは、母への回帰の願いと恐さと両方もっているわけですね。そこにまた死というのがあるわけです。それとまた死というもののコンステレーション（布置）というのは、急激なる変革というのが必ず出てくるわけです。これはね、普通我々が言ってる、死ぬのが恐い、というのと別なわけです。それに対して死が恐いんだと言ってしまうとね、非常にはっきりした形がつきすぎてね、しかもその死に対する恐怖という知的なレベルにいってしまうわけでね。確かにこの人見てたら、適切に死のコンステレーションが起こっているのは、どうも変わるようなときに起こっているらしいですね。例えば小学校一、二年、まあこの人がうまくいっていたとしたらある程度エディプス期から逃れ、乗り越えるときとか、そういうとき。うまいことといってるときは起こらないのは当たり前で、うまいことといってるときは変革はないわけでしょ。だから急激な変革のときというのは、死のコンステレーションがあるけれど、死のコンステレーションということと、死の恐怖ということは同じかどうかわからない。僕らだって、話としては死の恐怖という話はできるけれどね、感じるものとしては六〇歳の人と同じように感じることはできないし、だから本当の肉体の死としての死と、今言っている変革の底に存在する死というものとね、なんか違うもののような気がする。それを死の恐怖と言ってしまうとね、せっかくこの人が悪くなったり恐れたりしているのにね、そのことによって変革しようとしているというほうが曖昧になってしまう。

インテリジェンスとエモーション

僕思うには、こう、常に対立するようなものがあって、ある時期にはね、統合されたように感じるときがあります。そうなったら進歩が止まるわけで、そう思ったときにまたこの両者の間が広がるわけね、で、また上にあがらねばならないと、そういう感じしますね。ある時期としては、だいぶわかったような気がする時期が続いて、で、また底辺が広がれば頂点も高くなるという格好でどんどん進んでいくと思いますね。だから永遠の問題という感じします。しかしまた深みと高さというのが絶対にあるはずだから、ここでその人と僕ら、勝負できるわけです。そういう点から言うと、この人の言ってることを僕らもっと深く深く悩んでいるというのも一つの手ですよ。この人が質問するところがあるでしょ。そんなことわからないことでね、本当に考えたらね。だからそれを非常に深いレベルでフーンというわけです。そうすると真剣に悩んでいるのは通じるわけね。けれど何を悩んでいるかは本当は向こうはわからないんだけれどね、局面が違うんだから。で、向こうは向こうなりの答えを言ってくれるということもあるわけです。黙って聞いているとその辺のところに気付きやすいわけでしょ。ところがこっちが適当にものを言うと高尚なことになるわけでしょ。それで本当は我々、高尚なことを言おうと思ったらいくらでも高尚なことを言えるわけでね。実際言ったら我々、一冊本を読んだら、どんな本であれ偉くなったような気がして、数学の問題一つ解いたら偉くなったような気がする、そういう喜びというのはあるわけですね。そういうところを逃げていると、ますます高尚なことを言わないといけないということあるわけです。

男性への敵意

男性に対する敵意を若い女の人がもつとしたら、その底に考えられるのは、教科書的に言うと父親との関係ですね。で、そこで僕は思うんだけど、そういう深いところまでいこうと思っているならね、むしろ論理的に詰めないほうがいい。黙って待っているほうが深いところまでいける。例えばはじめにこのクライエントがパッと部屋に入ってきたとたんに当惑するところありますね。そのときに「あっ、困りますか、それなら他の部屋にしますか」と言って他の部屋も見せて、「じゃあこっちにしましょう」とかする。そうするとこっちがものすごく自由だということがわかります。はじめから、こっちの自由度というか許容度の高さというのがパッと向こうに伝わるわけね。そしたら向こうも話す気が出てくる。そうなると結局この人は、お父さんのことを言い出してくれるんじゃないかという気が、僕はしたんですけどね。そうなるとおもしろい。

「おしっこ」

ここでお母さんとセラピストがずっと対立関係できて、最後にお母さんがセラピストに「先生、ちょっとおしっこ」と言うところで、二人でぴっとなりますね。これ、ものすごく日本的ですね。言わず語らずのうちに「おしっこ」というところで和解が成立するわけね。その和解が成立するところに、おしっこ使ってるっていうのはうまいというか。一番全ての人間に共通で生理的な段階ということでいくわけでしょ。非常に親しみが湧くというか。セラピーの中でおしっこに行く子もいるけれど、非常に大事ですね、おしっこというのをどう使うかね。それをここではお母さんが言ってるわけだから、お母さんにしたら窮余の一策でしょうね。で、一番いい方法でしょうね。このときに「先生、すいませんでした」とか「わたしが悪かったです」とか言えないわけでね。ところがこういう格好で伝えられる。で、こういう格好をこの人が使ったというのは、この人はそういう面では非常にmaturity（成熟度）の低い人だと言えるでしょうね。だからここまでパッと入った。それをセラピストが許容してパッと和解のムードになる。本当に日本的ですね、これは。

セラピーの途中でおしっこに行くとかいうことも研究に値しますね。結局ね、食べるとか、そんな身体に関係することはやっぱりみんな親しみをもつわけでね。特に小学校の生徒なんかあるでしょ。先生がトイレに入るのを見て感激したりね。「あっ、先生でも行く！」とかね、同類であることを非常に確認できるわけでね。で、特に中学校の女の子なんかだったら、トイレに一緒に行くというのもものすごく重要でね。それが、独りほっといて行かれたというだけで、自殺しかねない大問題になることもあるわけでしょ。それもいつも行く相手が決まっていたり。そのうちそういうの、全然しなくなる。そういうの調べてみてもおもしろいでしょうね。プレイセラピーの間でどんなときにトイレに行くのかとか、ロールシャッハでも途中で行く人ありますよ。第8カードかなんかで、カラーショックかで「失礼ですがちょっと…」なんてね。それからプレイのときおしっこもらしてしまって、その後着替えさせてもらう子もいるわけだし。

手を洗う

このケースの子供、ものすごく手を洗うところあるでしょ。これ、よくわかりませんけど、僕はマクベス夫人が手を洗うところ思い出すな。この子はプレイでお母さん殺しやってるわけでしょ。だからその殺した血が手についていてそれを洗ってる。だから本当にちゃんとお母さんとの関係ができたら、もう洗わなくてもいいわけでしょ。そうじゃなかったら、殺す前にもう洗わなきゃならない。マクベス夫人の手を洗うところ、強迫症状をよく示してますね。

象徴性の高まり

象徴性の高いことを出してきたときにはね、ものすごい迫力があるから、その場合にはこっちはなるべく何もしないことです。ここではむしろセラピストが人形を二つ与えてしまっているけどね。その子が一つ選ぶか二つ選ぶかで違うわけでしょ。それはもっと慎重にやったほうがいいです。「二」という場合、考えられることはアンビバレント(両価的)ということがあります。カフカの小説なんかに、ものすごくよく似たのが二人で出てきますね。同じ服装してるのなんかが出てきたり。私ともう一人の私っていう、テーマと違うもう一人の人が出てくる。そういうのは、コンフリクト(葛藤)ということで、道が二つある、なかなか見分けがつかないということ。例えば殺すか殺さないかっていうことが、全く等価の意味をもっている。それからこれが出てくるということは、葛藤があるということ自体、非常に意識に近い。完全に意識化されないけど意識されつつあるということ。この場合はもうセラピストが手伝ってるんで、そこまでちょっとわからなくなってる。だから僕は象徴度が高まって、向こうが迫力あるほどひっこみます。なるべくその人の一番いい方法をやらせてあげたい。

自閉症とCM

この子供では、ハムのCMを見て、悲しそうな顔をするってところありますね。このときに見せないという方針をとるんじゃなくて、僕だったら「お母さんもゆっくり一緒に見たらどうですか」って言いますね。悲しみの感情というのも学習しなきゃいけないわけでしょ。だから悲しむということをやるわけです。「お母さん、一緒に見てどこが悲しいんかわかりませんか」って言ってね。「お母さん、一緒に見て悲しかったら抱いてあげてください。そしてどこが悲しいか調べてみてください」というように言うと思います。見させないんじゃなくて、むしろその気持ちを共有する方向にね。

自閉症の子にとって、コマーシャルをコミュニケーションの手段に使うというのは非常によい手段で、非常にたくさんの子が使うわけだけれど、もっと研究してもいいと思いますね。どういうときに言ったとか、その場面とか、了解可能であったやつとか了解できなかったやつとか、そのわかり方でもいろいろなのあるわけでしょ。言ってることがそのままうまいことピッタリしてるやつとか、そんなんではわからないけど感じ方でわかるやつとか、そのＣＭの状況と了解の程度とかね、そういうのを表にしてみるのもおもしろいテーマだと思うんだけどね。自閉症の場合、ＣＭをうまく使うケースがあまりに多いのでね。

しかし考えてみるとＣＭを作る人というのはたいしたものですね。こんな風に言いやすくて、しかも心に残るものを直観的につかんでいるわけでしょうね。あんまり作りすぎてＣＭ作る名人の人、自殺したけど、あれももう死ななきゃしょうがないのかもしれないな。何かもう、人間性の全人格をかけねばならないところでギリギリの勝負ばっかりになるからね。それでいて、全人格はかけられないわけで、だからものすごくアンバランスな仕事を強いられるわけだからね。もう死ななきゃならないようになるんだろうな。

身体の連続体

自閉症児がウンコを触るところなんか絶対身体と関係ありますね。自分が初めて生産したものでしょう。自力生産し得たもの。それにいろいろの形を与えてみるわけです。つまり、人間って、与えられずに自分のもっているものっていったら体でしょ。そこから出ているものだから、その身体の連続体でね。しかも自由にできるものというわけです。小さい子でも便に興味をもつ子多いですね。あれも自分の身体に対する興味だと思いますね。そんなものだとか、例えば鼻もそういうたぐいのものだと思います。鼻っておもしろいもので鼻の現象学ってのをやってもいいくらいだと思いますけど、例えばノイローゼで鼻の先が見えるっていうのありますけど、このメカニズムね、どう考えますか。これをね、現実感が消失されてね、ただここだけが残っているんだという考えとね、そうじゃなくて現実というか自分に対することが鋭敏になっているんで、その鋭敏なものがここに向けられているとも考えられるわけでね。そういう意味で見るとものすごくおかしなものでね、みんなよく顔の真ん中につけてるなと言いたくなるような。芥川の『鼻』とかゴーゴリの『鼻』というのは絶対におもしろいです。鼻のもつ意味というのがね。それから、自閉症ではなくても自閉的な子供ってよくオナニーするって言われるでしょ。あれ、僕、オナニーと違うんじゃないかと思ってるんです。やっぱり鼻と同じことでね、自分の身体の中で出ているものということ。自分の変わったところというか、触りやすいところを触っているということは、ものすごく大きい意味があると思う。自分の身体がちょっとわかってきたところじゃないか。それをみんなはすぐにオナニーだとか言うんだけれど、そうじゃないんじゃないかな。そんな点でも鼻の意味ってのを考えると、鼻ができたから次は目とかいうのとは違うと思いますね。

クライエントの陣地

自閉症児が押入に入ったりするのも、非常におもしろいところなんだけれど、しかし、こういうことをお母さんに言うときは難しいね。それをこの子の陣地であると言ってやったら、確かにその通りなんだけど、下手をすると、お母さんが今度はそれに協力しようとするわけ。そこへ物を持っていってやったりしてね。本当はそんなことしないほうがいいわけです。そこを陣地として尊重するのがいいのであって、攻撃にいくほうはよくないわけです。僕らだって考えてみたら、みんな押入とかを陣地にしてやってきているわけでね。それを親がニコニコわかってくれているからできるわけで、そこへ親が入ってきて物を置いたりしたら、かえってダメなわけです。秘密でなくなってしまうからね。だからこういうときのお母さんの指導というのは、ものすごく難しいと思います。これを大人のケースでいうとね、ボーダーラインなケースくらいの親なんかよく似てますね。子供が苦しいから大事にしてやってくれというと、今度、金出してレコード買ってきてね。バックグランドミュージックかなんかかけたりしてね。本人フラフラになっているのにそんなことされたら、もうたまらないわけでしょ。「やさしく」って言うと音楽でも奏でないとっていう態度になってしまう。そういう点をお母さんに心を通じてわからすっていうことはものすごく大事なことでしょうね。

おどけ

おどけというのはものすごくいい感じですね。結局ね、おどけとかユーモアというのは余裕がなかったらできないことでしょ。おどけとかは心の余裕の中でできることだからね。本当にベタベタッとひっついていたら、こんなことできないわけだし、適当なときにチラチラっと出てきて、あんまりムチャクチャもしないわけだからね。大体、子供なんかでもおどけをもっているというのは、そういう強さをもった子ですね。パッとおどけ返せるということでね。それが、もう悪ふざけみたいになってしまったらダメですけれど。まあ、大人のクライエントでもそうですね。はじめはユーモアなんてなかなか通じないでしょ。それがだんだん余裕が出てきたら通じるようになる。

ヒーローのない劇

このプレイはいわゆるセラピーというのとだいぶ形が違うわけで、この子はいろいろな役を演じてね。変身して、歌手になってコントやって漫談やって、で、この子自身が何かで遊ぶ、セラピストに語るというのとは形の上ではずいぶん違いますね。これオーバーなジェスチャーで歌うたったりしているけれど、いわゆる自己陶酔というのとは違うと思いますね。この人ね、ヒーローが出てこないでしょ。つまり、自我がないというのかな。自我がなくて感覚があるというのかな、そのような状況でね。だから、ワーッと拡散してるわけです。一対一の人間としては耐えられないから感覚としてワーッといくんだけれど、ちょっとでも距離が近付くとかなわないのでね。バッと、皮肉なことを言って離れる。その中で自分としての自我がなくてヒーローがなくて影《シャドー》とかその他もろもろばかりある。だからこのケースでは、小学校四年くらいの頃のちょっと自我ができあがるときに、ものすごいショックを受けてね、自分のコア(中核)というか自我みたいなものをバーッと壊された体験というか、そうしたら、もう人間として通じないんでね。こういう風にやっているわけで、いわゆる自己陶酔と違う。ものすごくつらい、ものすごくしんどいことをやっているんじゃないかな。ところが、ここで幸か不幸かテレビ文化というのがあってね。それを非常にうまく使ったというか、そこにうまく逃げ込んだということでしょうかね。

これ、よい言い方と悪い言い方と両方言えるわけだけれども、悪い言い方からすると自我というものができてないところにこういう文化情報っていうのをバーッと吹き込まれたらこんな風になるぞ、と言える。また、よい言い方で言うと、こういう文化情報をうまく使って自分というものを再統合していったということも言えるわけです。それと、これをちょっと防衛の程度をきつくしたら、自閉症児の子供がコマーシャルばかり歌うとかね。そこまでいくわけです。もう、生きた人間として生きた関係をもつというのはもう恐すぎるわけで、二重三重で生きてるということですね。これ漫談でやらねばならなかったというのはよっぽどだと思いますよ。普通の会話ではできなかったわけだからね。

私のもの、私の世界

この子はあまりにお母さんと一体になりすぎていてね。私のもの、私の世界というのが滅多にないんじゃないかと思いますね。で、お母さんとだったらこれを「私の」と言ってもいいのか、「お母さんの」と言ってもいいのか、それも許されてないって感じでね。それがプレイルームではだんだん「これ私の…」と言っても怒らない人がいて、その関係でちょっとずつやっていってるって感じですね。しかも、この子がやっているのはリカちゃんハウスについてやってるので、これハウスでね、自分の家というものをはっきりさせるということ。だから、自分のものにしたいというんじゃなくて、私のものという命名をすることを広げていくことで成功していってるわけじゃないかな。それで、自分ができあがってくると言ってもいいわけだけど。つまり、自分のものというのは宣言してもよろしいということを一番プリミティブな形で、「私の…」「私の…」って言ってる。こうやって一通り終えるとね、何か違う段階で自分のもの、自分の世界というものを宣言するんじゃないかと思いますね。で、初めにくるとき、この子が自分のゲーム持ってくるでしょ。これは、こういう見慣れぬ世界に入ってきたときに、自分の空間というか、自分のものがわかりにくいのでね。家からの延長を持ってきたわけでしょうね。で、プレイルームでも「私の…」ができて、もうそのゲームを持ってこなくてもよくなるわけです。

噛むこと

自閉症児が対人関係を回復していくプロセスの中で、「噛む」ということとか「つねる」ということよくあることですね。他人の注意をこちらに向ける一番いい方法としてね。言葉では言えないわけでしょ。だから、そういうときに「噛む」とかということが絶対出てくるわけです。我々はそれを必ずしもネガティブな意味ばかりではなしにポジティブな意味にもとってるわけでしょ。カウンセラーはそういうことをお母さんに言ってあげたらいいわけです。けど、それがポジティブな意味をもってるからといって奨励はできないわけで、先生が怒られるのは当たり前で、お母さんも怒らなきゃならないけど、それにおいて子供が悪くなってるということを心配する必要はない。むしろよくなっているんだということを言ってあげてもいいわけです。そうするとお母さんは怒ってもね、今度はものすごく安定感があるんで、ムチャクチャに怒ったりしないわけで、そのうちに子供の側のそういうのが消えていきます。そうしたらそのときに、「あれ消えましたでしょ」って言って、その進歩の段階を教えてあげる。結局、現実には難しいですけど、理想を言うと、その精神を受け入れて行為を排除するということですね。けど、噛まずにいられないという気持ちをわかって「噛むな」というのと、噛むのは悪いから「噛むな」というのは絶対に違うんですよ。

自閉症児の言語発達

普通の子供の言語発達はね、ママとかアーチャンとかから始まりますね。ところが、自閉症児の場合はそれと違うわけでしょ。コマーシャルだとか、単語になったり、文なんかが割とバーンと出てくるんだけど、「これはママだ」と言うのは非常に難しいわけですね。そういう一般の子の言語発達の線とね、こういう子の言語発達の線が違うので、その辺をもっとはっきりさせてもおもしろいと思うんだけどね。どう違っているのかね。案外長い文が出てきてもね、それでいて意味のある言葉はなかなか出てこない。こういうのも一つ一つの言葉を丹念に録音しておいて、何か分析したら出てくるかもわからない。

人形の絶対性

自閉症児なんかにとって人形というのはすごい絶対性をもっているわけでしょ。この子が人形を抱くとかしたときに、セラピストもこっちで別の人形を持ってやられたらものすごく困るんじゃないでしょうか。その人形というのはその子の代理物であったりいろいろしてるわけでしょ。ところがセラピストがもう一人の代理物もっていろいろかわいがられたらね。まさに、つまり、その子が来てないときに、このセラピストが他の子をかわいがっているじゃないかということになりかねない状況ですね。このケースでは、ここで子供が「いやだ」って抱きついて来てくれたから、はっきりしてよかったわけだけれど。こういう子供が人形とかを大事にしているときというのは、それが唯一絶対のものだということがものすごく大事なことじゃないかな。普通の真似をするというのとは全く別の話でね。

それからこういう風に人形が出てくるときとか、人形を抱いて目とか口とかに指つっこんだりするでしょ。そういうときには、それをもっと積極的に利用したほうがおもしろいと思うね。僕はよくやるんだけど、その子のもう一つの自我というのかな、かわいがってやって、その人形に話しかけてやったり聞いてやったりね。あるいは家でやっているような場合にはお母さんによく言いますけど、あしてやってくれとか、こうしてやってくれとか、かわいがってやってくれとか抱いてやってくれとか、困ったときに話しかけてやってくれとかね。で、それをまた、こっちに報告してもらうという風にやって使っていく。

ジャンピング・ボード

ジャンピング・ボードっていう表現、本当にそんな感じですね。次のステップのために一度帰ってくるところと言いましょうか。このジャンピング・ボードというのをカウンセリングでいうと、決意する前に以前のことを思い出して語るということがありますよね。例えばこれから学校に行くというときにね、「先生の所にはじめて来たときはもう大変でした」って言って、それまでの話をしたりするでしょ。そういうジャンピング・ボード的な話が出てきたら「そうだな、あれからずいぶん元気になったな」って言って、もう終わりかなって感じですね。そこで、もう一度、退行したいわけでしょう。こうしてみるとカウンセリングの流れとプレイセラピーの流れと非常によく似ているわけだけれども、一対一でやっているとその辺のところが見えにくくなりますね。それで、自分のやっていることとの意味とかがわからなくなってきてしまう。その流れを読み取るというか、やっていることの意味がわかるということが大事ですね。どういうことが、どのジャンピング・ボードの後に出たとかいうことが読み取れるようになるとね、やれるようになる。

涙

この人、感情を出すなんてこと全くできなかった人でね。そういう人だから出せなかった感情の分だけ涙が出てくるわけです。適当なときには涙出てこないからね。とてつもないときに涙が出てくるわけです。あんまり感情が出せなかった人だから、ちょっと感情を出しても涙が出てくるわけです。本当に馬鹿みたいなことを言っても涙が出てくる。こういう人よくありますよ。本当の悲しみとか喜びとかを出せない。出さないできてるから話の間で涙がどんどん出てくる。みんなこう話の内容と関係なく泣くクライエントに会ったことないですか？　田舎なんかによくありますけどね、本当に泣くべきときに泣けずに、笑うときに笑えずにいる女の人がたくさんいるわけでね。そんな人はちょっとしたことを話して、ちょっとしたことだけで涙が出てくる。大家族の中に入りこんで、ひたすら働いているわけだから、ちょっとした表現でも、その人にとってはものすごく表現できたことになる。そんなこと他になかったわけですからね。

血なまぐさい話題

本当はね、死とか血とか僕らにとって大問題なんです。で、まあ言うならば、僕ら、それを問題にしないから普通の顔して生きてられるわけでしょう。それを正面から直面してしまう。そういうことをこの子の年齢（一〇歳）でやる人は自閉症とか言われて、また、思春期というのはそれをみんなやらなくてはならない時期で、みんなそれなりに越えるわけだけど、そこで発病する人もありますね。それから精神病ということにつながっていくんじゃないかと思います。で、この子はプレイの中で「事故！」とか「五〇〇人中三人死亡！」とか、たくさん血なまぐさい言葉が出てくるんだけど、これ結局、思春期に出てくるのと同じことじゃないかと思いますね。で、思春期に出てくることを非常に早くから出さなければならない人がこうなっていると考えられますよね。みんな年齢に応じた問題を越えていくわけだけれど、そういう普通の者が思春期にやるような問題を非常に早くから出しているので、この子はこうなっていると考えられますね。だから、さっきの言葉も本当に事故があった、なかったということより、イメージとして意味があるわけです。で、この子の場合、無表情でこういう血なまぐさい言葉がポンポン出てくるというのはね、ego alien（自我から遠い）ということですね。自我が関与してないで、衝動がそのままパッと出てくるわけでね。この子の場合は、そのパッと出てくることをこちらが（セラピストが）応答することによって、この子の自我の中にある程度返していくわけだけれども、その応答の仕方がひどかったり、返し方がきつかったりしたら、この子は受けつけられないわけです。だから、我々としては、一応、応答して返すけれども、この子が無表情のまま「ハイ」なんて言ったら、これ、返し方がきつかったということでね。だから、この子の受け取れる範囲内で返していくことがいいんじゃないかと思いますけどね。何もしなかったら意味がないわけですから。そして、またね、この血なまぐさいことにあんまりこっちが、ある程度以上に関わることはよくないわけです。ある程度以上関わったらこっちがしんどいしね。そういう中でこちらが関われることが混じってきたら、それに対しては関わっていいわけでね。ただしね、この子の言う血なまぐさいことを絶対に拒否したらダメですね。拒否するとか無視するとかしたらダメです。拒否するでも無視するでもなく聞いてやって、返せることを返してやっていて、だんだん量的に少なくなるというのを待つということですね。

でもね、この子いっぱいこう血なまぐさいこと言うでしょ。それに対して、こっちの気持ちはやっぱり動いていなくちゃいけないと思いますね。動かないで「馬鹿なこと言うな」と言って、お母さんと同じようにやっていたんではダメで、また、「ワァー！」とか言い過ぎたら、また、子供の方は「ハイ」って言うわけでしょ。だから、向こうに合う程度に心が動いてなきゃいけないと思いますね。で、これどうなんでしょう、こういう血なまぐさい独り言を言うかわりにプレイセラピーで血なまぐさいことをやる子がいますね。どうかな、こういう言葉でやる子の方が難しいでしょうね。心がこもってないわけでね。自我から距離が遠いわけです。だから、プレイの中で「ワァーッやられた」とかやるんだったら、自分もものすごくinvolve（関与）しなきゃいけないですね。それを言葉で「母子三人死傷！」と言うのだったら、聞いている方でもあんまりドキッとしないわね。本当に死んでいるの見たら一番かなわないわけで、劇でもかなりかなわない。それを関与しない、あるいはしてても自我から非常に遠いところで、非常にすさまじいことをしているわけだから難しいんでしょうね。

Ⅲ　クライエント―セラピスト関係

他のセラピストのクライエントに会うこと

病院でテストしている人は、単にテストだけで帰すことがわかっているときには不必要な転移を受けないってこと、ものすごく大事です。だいたい患者さんというのはお医者さんに話したくてかなわないわけでしょ。それをテストをしておいて「どうです？　はあ、そうでしょう」なんて言ったら、もうこっちがよくなるのに決まってるわけでしょ。その人はお医者さん放っといてこっちに来たくなるのは当たり前でしょ。そうして受けてもかまわないシステムになってたらかまわないですけれども。そうでなくて、ポンと捨ててしまうんだったら、お医者の治療はすごくやりにくくなる。だから特に、ある医者が治療していて、途中でわからなくなったために僕にテストしてくれって来るときはものすごく注意してやりますね。というのはテスターが不必要な転移を受けたら、そのお医者さんものすごくやりにくくなるわけでしょ。結局サイコセラピーというのは、そういった二人の関係でだんだん積み上げていってるわけでね。そこに誰かが入ったら、ちょっとそこに水増ししたり流したりするのと同じことでしょ。これは他で聞いたことある話ですけど、セラピストが休んでましたから代わりに私が会いましたとか、子供が来たので大人のセラピストがかわいそうだと思って子供のプレイセラピーしましたとかね。すごく同情心があるようだけど向こうの人はものすごく混乱するわけですね。だからその辺はむしろ注意したほうがいいと思いますよ。それから例えばスーパーバイザーがどうしてもそのクライエントとスーパーバイザーとして会わなくちゃならないってこともあるんです。そのときはさらに難しい。というのは、会わなくちゃならないときというのはものすごく危機が来ているわけでしょ。本当はその危機をスーパーバイジー(スーパーバイズを受けているセラピスト)とクライエントが乗り切ってこそセラピーが成立するわけね。そこへ変にスーパーバイザーが後から出ていくとかえってぶち壊しになってしまう。だからよほどのことが、つまり命が関係するほどのことでなければスーパーバイザーは会いません。それと、もし、他のセラピストが会ったりするということがあったときには、セラピストは次に来たときよっぽど注意しなきゃいけませんね。次のときどんな風に出てくるか、それに対してセラピストはどんな風に答えるか決めておかないといけませんね。それが何にも意味もってないこともありますけど、それならまたこっちも捨ててしまっていい。でも一応はいろいろなこと考えてみておくことが必要です。というのはね、これもよくあることですけれど、クライエントは本当はしんどいわけですね。うまくいってるときほど、クライエントは自分で悩んでるわけでしょ。そこにカウンセラーというのは、おいそれとなぐさめたり答えを言わないからカウンセリングが進行していってるわけでしょ。だからクライエントにしてみれば誰かに助けてほしいわけです。そのときに友達に助けてもらったり、他のものに助けてもらうのはいいわけです。それは社会性が入ってくるわけで、それで面接室で個室で会っているようにみえながら本当は社会とのつながりで治っていく。そのときに他のカウンセラーが会ったら全然話にならないわけです。そこでそのときに、「おまえの気持ちわかる」とか言われたらメチャクチャになってしまいますからね。そういう点も注意しないといけない。

一人の人間が泥まみれになって関わること

役割分担する、例えばリーダーとかガイダンスを、カウンセラーと別の人間がやるってことも一つの考え方ですが、僕の考えでは、何か難しい問題をやればやるほど、一人の人間がその中で泥まみれになるほうが効果があるように思う。僕のもっている人は重症の人が多いですから、その重い人をもっているということは、僕が何もかもしなければならないことがたくさんある。それは例えば精神病の場合だって、その人の主治医として健康面とか一般的な面をみる人と、サイコセラピーを担当する者をわけたほうがいいということで、実際精神科医がみておられて僕が一方でやっているという人もあるわけ。ところがその人をまるごとにして僕が泥まみれになってやったほうがいいかなと思うこともあって、その辺がまだ結論出ませんね。

僕ら考えなきゃいけないのは、例えば非行少年で非常に難しい人とか分裂病（統合失調症）の人とか、非常に難しい人をやる場合には、僕らもそこに入りこんで泥まみれになってやるほうがいいのかもしれない。しかしその「いいかもしれない」と明らかにいいと言わないのはね、泥にまみれて沈むだけだったら何もならないのでね。その可能性は非常に大きいわけですね。だから、沈んでしまうくらいだったら今までみたいに分離してしまうほうがまだ効果あるわけです。だから、その辺のところがまだまだ答えが出ない問題だと思います。まだみんなその場その場で頑張っていかなきゃならない問題だと思いますけれど。

キャパシティと面接の深まり

この面接の中でカウンセラーがグループの話を少し収束しようとするところがあるでしょう。「いろいろあるけれどAさんの言ってることもBさんの言ってることもどこかでつながりがあるんじゃないか」ってもっていきますね。ところがこれもっとグループ慣れしてたらね、いわば、グループということに対して僕らがもっと腹がすわっていたらね、このAさんとBさんがこういう風に対立的になったときにもっとカウンセラーが黙ってて動かせたんじゃないかと思う。そうしたらもっと違っていたかもわかりませんよ。Aさんはどんどん内面的な問題に下がっていくし、Bさんはまだたまらないから日常的な会話に上っていくわけでしょ。それは当たり前のことなんですね。その上り下りの中でその両方をギューッとやらせながらね、カウンセラーの人格の中でそれを統合していく。その中でクライエントたちはもまれていて、時間がきて「じゃあやめます」とかね。そうしたら来週、みんなで出てくるまで一週間、ものすごく考えざるをえないわけで、そういう風にももう少し向けることができるんじゃないかなと思います。でもそこではカウンセラーの方には自分のキャパシティの中でそのクライエント同士のズレをもっていく覚悟がいるわけです。で、そういう風に考えると、グループ構成が初めてのお母さんばかりとかでワーッとやっていたんでは、レベルが同じだからこっちも割とついていきやすいわけです。ところが新旧混合となるとゆさぶりが大きい、ゆさぶりが大きいほどみんなの鍛えられ方も大きいわけです。それで、そう考えると、ここでカウンセラーはこう考えないといけない。「どうして俺はここで収束しようとしたのか、このグループの時間が終わりに近いからこれでまとめたのか、あるいは自分という器のためにこれ以上のズレを支えられなくてこれをまとめたのか」。その辺すごく大事だと思いますね。

それと、僕は個人しかやらないけれど同じことで、あんまり深く下った人には最後に冗談言って笑ってみたりってことしたりします。それは、二人でやるわけだから、向こうのキャパシティと僕のキャパシティとがあるわけで、向こうが下る気であっても、こっちがしんどかったらやはり下らないってことも大事です。

グループと個人

グループの中でその中の一人とだけの話題で話すということ、完全な内的必然性をもっているときにはかまわない。みんな一応は何でだろうと思うんですけど、それはそれ以上には思えないようになる。それがおもしろいところですね。だからあの人がカウンセラーと一時間話してもそれは当たり前だというようなね、そういうこともありうるわけです。そういうときはやってもいい。そうでなしにやることは絶対にいけない。その辺が個人とグループの問題で、グループでやるときは難しいですね。

答えないことの意味

僕はグループやっててガイダンスやってもそれはそれでいいと思う。で、その点に関してもっと自信をもたないといけない。それともう一つ大事なことはね、そのことをクライエントに聞いたらいい。

「どうも変な感じしなかったか」と聞ける感じが出てくる。どこかできっとね。こちらが非常に敏感になるとね。このグループのメンバーの中で誰かがね、カウンセラーの態度がわからなくなったということがどこかで違う形で出てきますわ。あるいは「先生の御意見はどうですか」というような格好できく人が出てくると思います。そしたら「いつもいつも教えてる俺がこうして聴いてるからだな」ってわかりますね。だったらそういうときにこっちの考えを言えばいい。「ハイ、私は答えられるときには答えますけど、答えられないときには黙ってるんです」って言ったらいいわけでしょう。答えられないからね。「答えられるときには答える人間だけれど、答えられないときには聴いてる人間です」って言えるわけで、そうすると非常にうまくいくと「ああこの人はそういう風に生きている」ってことが伝わるわけです。そういう心の底に流れる大事なことは全体の流れの中で言わなければならない。それをとってつけたように「あの、今こちら変わったんですけどわかりますか」なんてんではダメ。あるいは冗談みたいに言ってもかまわないんで「今わかりませんのですいませんワハハ」って言って冗談で笑うんだけど一番底のところでつながっている。そういう風にやっていればよっぽど変わってもわかるもんです。

ところが僕がグループやらないのは、全体の動きをこう見ていくことが下手だからね。もう誰かがちょっと深刻になるでしょ。そうするとその深刻になったということが他の人に知れてしまうのがちょっと気の毒になってきて、まあいいじゃないかとか言いたくなってしまうわけです。それをグループをやっている人はその許容度がずっと広くて、その人を聴いていて、それで全体としてみていくという態度。もっとグループを信頼しているというか、そういうのはグループやる人はそれを訓練しないといけないね。

クライエントの質問に対してはね、相手(クライエント)が力があるほど答えない。クライエントがあれこれ迷うことが意味あるわけでね。けれど、もっと弱い人だったら、はっきり指示します。そういう人はどうせ言った通りなかなかやらないから大丈夫です。つまり、「あんたがききたかったら何でも答えます」という姿勢を示すわけです。それは言うことに意味があるんじゃなくて、この先生に会ってる限り何でも答えてくれるという気持ちに向こうをすることです。で、もちろん、そのうちに何にも答えないようになって、向こうがやっていくようになるわけだけれど、そこまでもっていく間はサポートしていく。まあ一般的にはなかなか答えないのが原則です。

「先生どうしましょう」ってきかれたときにね、答えるときと答えないときがあるわけだけど、これ答えないというのはね、逃げるんじゃないわけです。逃げるんじゃなくて、答えないという解答を確信をもってしてるわけですね。それと逃げてるのとはずいぶん違います。「先生そうでしょう?」って言われてフンフンって言ってね、「あなたはそうお思いになるんですね」なんて言ったらこれはむしろ逃げでしょ。ところが「どうでしょう」って言われてね、パッと目をむいて「そうですねえ」って言ったら、これ完全に聴いてくれたというのは向こうにわかるわけです。で、完璧に聴いてくれたけど答えないわけね。ゆうゆうと答えない、答えないことを確固たる返答として向こうに返すわけです。それをみんなウヤムヤと逃げるでしょ。そうすると向こうに不安が起こるわけです。この若い人あんまり知らないんじゃないかとか、逃げたんじゃないかとか、そして、それが不信感につながるほどどんどん質問が増えてくるわけです。それをちゃんと確実に受けて、答えない、受け答えないということが唯一の答えである、ということができるほどちゃんとした関係ができていくわけです。

グループの中での傷つき

グループを信頼して引っ込むといっても、このときやっぱり敏感でなくてはいけないことは、こう、オープンのままでいった場合、例えばBさんが傷ついてしまってもう来なくなったら、これはやっぱり失敗に終わるわけです。だから、そうなるまでにはまとめなきゃいけません。それなのに、非常に安易な気持ちでグループやってる人がよく失敗するのは、グループで傷ついてしまってドロップアウトしてしまった人のケアですね。僕はそのグループで傷ついてしまった人の後のケアっていうのをだいぶしているわけで、みんな、「あなたがグループの中で何をやった」とか、「グループの中でこういうことをやったのだ」と言うと納得して帰るわけです。それから、言ったばかりに傷つくだけじゃなくて、言わなかったばかりに傷つく人、たくさんいるんです。なぜかといったらね、あんなときにある人はものすごい自分の欠点を言われるでしょ。そうすると、あれだけ自分の欠点を言えるのに、自分は言わなかったということで罪悪感をもつ。それで、「私のようなものはもうダメよ」と、そう思いだす。そうすると、リーダーもそう思ってんじゃないかと思うわけね。リーダーが何も言わないからね。そうしたら、黙ってたばっかりに傷ついて帰ってくる人もいるわけでね。そういうときはやっぱり言わなきゃいけないね。「〇〇さんどうですか」って言ったら、この人はもの言えるからそれほど傷つかないですむ。けど、そのかわりに下手すると、人間って傷つかないと成長しないんです。だから、そこのところの兼ね合いの取り方が非常に難しい。

グループダイナミクスと雑談

この雑談ということですけども、このあたりがグループやるときの一つの難しいところじゃないですかね。しかし、非常に狭い観点で、例えば、知的障害の子供をもったことの悲しみとか、苦しみとかにどっかに焦点を当てるという姿勢をもっていたら絶対にいくはずがないけれども、ちょっとこう話がズレていきますね。その間はある程度いかなきゃいけないんだけれども、いわゆる雑談にいってしまって、こっちが遠のいているのではダメなんで、その辺の判断が非常に難しいところじゃないでしょうか。で、これもまた、非常にうまく聴いていると、玄米の話も、横井さん（元日本兵）の話もこの話も、みんなつながってるとこありますね。そういうことがわかったときには、僕は終わったときに言いますね。例えば、「今日はこういうことが一貫して話されていたようですね」といって。これは、個人のカウンセリングでも同じことです。個人のカウンセリングでも雑談する人たくさんいますね。そんなんでも、ボヤーっと聴いていると、一つの筋みたいなものが見えます。そんなときは、ちょっと出ていってもいいんじゃないかって感じします。

それから、雑談に限らないけれど、そのときのグループのダイナミクスを変えるために、途中で席を変わってみるなんてのもおもしろいかもわからないね。僕、ときどきそういうことやりますけどね。全く意外なことが起こるので、みんな訳がわからない。僕もわからないけれど、全部変わってしまうよね。コロッと、今までと全然変わってしまうね。それは非常に直観的にハッと思って「変わりましょか」って言って変わったら、何が起こったんだろうと思って、今度はもう全部スカッと違ってしまうことありますね。例えば、「あんた変わろうか」と言って変わるでしょ。そしてみんなが「なんだろう」と思ったときに、「いやあ、こっちだと景色がいいですな」なんて言ったら、景色を見るために変わったのか何かわからなくなる。そこで一回、ダイナミクスがメチャメチャに壊れてしまうわけです。

同情しない受容

僕が言いたかったのは、深刻に話を受け取る、深刻になるならないというより、人生はどうせ深刻だから、こちらがそんなに深刻にならなくてもいいということです。要するに「ハアハア」と言っていてもいいわけです。セラピストが同情しなくてもいいと思うんです。そんな苦労したって当たり前なんです、人生というものは。ところがセラピストが同情するから、他の人にすれば、ちょっと違うこと、まあ理屈でも言いたくなるんでね。もっと同情しない受容、厳しい受容というのを考えないといけないと。だから、別の言い方で言えば、深い次元にいけばいくほど、クライエントの苦労も僕の苦労も何も変わりはないんでね。「生きる」という次元にもっと深く入れば何も変わりありません。だから、あなたも、私も、同じ人間です、というレベルで受け取ったらいい。

自律訓練法のケースから

自律訓練法の場合、催眠なんかの場合に比べて、その人の自然の防衛が働くから、そんなに危ないとこいかないかもしれません。そのイメージや連想が止まっているというのは、止まっているんでいいわけでしょうね。止まっているのは危ないからで、こちらが無理に聴きに行くことはしませんから。催眠だったらもうちょっとこうセラピストの能動性が入るから危険性が高くなるんじゃないですかね。その点自律訓練の中性化は、危険性はそれより小さいと思う。それは夢の分析と同じでね、夢見てくれなかったらしょうがないわけでしょ。それと似たようなことでね、そして夢見てこなかったら、意識的な話ばっかりで表面的なことになってきますね、それと同じ。これ以上イメージが進むと危ない人は、自分で滅多にならない。僕ね、この自律訓練のケース聴きながら、カウンセリングとの関係ももちろん考えてるし、それからプレイセラピーとの関係見てますね。プレイだっていろいろ遊びが変わっていくわけでしょ、はたから見てたらね、流れがありますね。僕の仮説っていうのは、結局我々が一番その根本にしているのは、どんな言い方しても同じですけど、その人自身の治る力、それを土台にしているという点では同じだと思うんです。で、その人自身で治っていく力を最大限に出すためにはやっぱりセラピストの態度とかが要るわけです。セラピストがいるからみんな治っていく力が出せるわけで、方法はどんな方法でもいいわけでしょうね。で、そのときに、カウンセリングの場合でしたら、意識的に①(意識)に働きかけているわけで、簡単な場合っていうのは、問題が①のあたりで、つまり自分の意識が

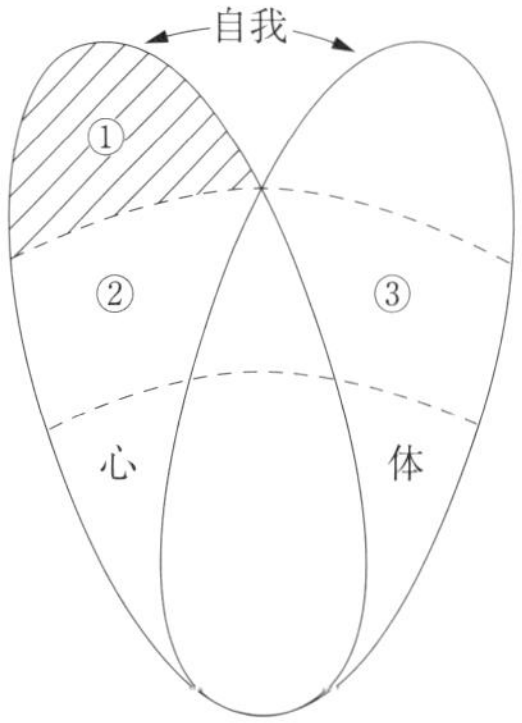

図2　心と体の関係

うまくいってない場合っていうのは、これでいいわけです。カウンセリングでも非常に非指示的な態度が強くなってくると、何を言っても聴いてもらえるってことで、すると一種の自分の治る力が出てくるというわけです。いろんなことを話してもいいってことは、例えば、母親が嫌いだとかなんとか何を言ってもいいってことは、ちょっと自我のコントロールを弱くするわけでしょ。そしてそれを聴いてくれるってことで、全体として治る力が発揮されてくる。ところが、自律訓練法みたいなやり方をすると、①あたりのレベルでなしに②(イメージ)のレベルに直接迫ってくる。リラックスさせて、つまり緊張を非常に弱めて、出てくるものを出させようとするわけです。ここでおもしろいのはリラックスさせると体感③の方とイメージと両方が出てくるわけです。

僕は夢をやっているけれど、その場合には寝たときに把握した夢を一担意識化してもってくるわけです。それが、自律訓練の中性化の方法っていうのは、この場で夢の状態と非常に似ているわけです。プレイセラピーだって同じことで、非常に守られた空間の中で自由な遊びをさすってことは、②の辺の世界を見やすいんじゃないかと思う。結局、おもしろい言い方をするとセラピストが、「夢見る自由な空間を保証する」ということです。だからプレイセラピーと同じでね、そういう、自由なる遊びの空間を保証するわけです。それを保証されていない人が無理にやろうと思ったらドッペルゲンガーとか、こうならざるをえないわけでしょうね。自分なりの自分の工夫による自分の神話というのは、なかなか難しい。それをもっと自由な場でさせてやるってことでしょうね。

これがカウンセリングの場合だったらどうなのかというと、意識化して話し合いするわけでしょ。だからプロセスはもっともっと遅くなるわけです。まあ生《ナマ》のものがなかなか出てこないからね。だから遅く遅くなって、ちょっと行ってはお母さんとけんかしたりしだして、そのけんかしたことを報告して、家を出るとか離れるとか、がちゃがちゃ言いながらやっていくから長い間かかる。そのかわりに、けっこう娘をカウンセリングしているうちにお母さんが変わってくるということもあります。しかし、といって、こういう難しい人をカウンセリングしていっても、意識的なレベルだけで近付くとなかなか治らないかもわかりませんね。で、下手すると、「なんでなのでしょうか」とかなってしまって、で「お母さんとの関係はどうなんです」と言うと「いや、よろしいですよ」なんて、そりゃ意識的なレベルでいえばよろしいわけだから。だから単に話し合いしてたら、まだまだだったかもしれませんね、このケース。

ラポール（つながり）をつけるために

こういう、難しいクライエントの場合、はじめつながっていくときに、このケースのように星とかへちまの栽培とかやったというのはものすごくいい方法ですね。だいたいそうですね。もうそんな普通の話し合いじゃあ絶対につながらないですよ。なんか深いラポール（つながり）がついていくんだけれど、なんか、そんな言葉で言えるようなレベルじゃないでしょ。この子の興味もってる星なんていうのは、この子にとってものすごく大事なものでね。それがわかったとか、あるいはへちまのように実のなるものを育てたとか非常に深いレベルで関わるほかないですよね。それから後は、確立してから、こんどバーッとまた変化していくわけです。違うもっと上のレベルでね。

会い方の次元

このお母さんはその前にまず、女性性っていうものを獲得しなきゃいけませんね。まだ母親になれてないというのかな。そういうことをこの人、これからやっていかないといけないという感じありますね。それからこの母親としてということに……。この女の人を中心に考えてみれば、この人が感情とか心とかをもっと受け入れられる人になっていないから、男の人と別れなきゃならなかったと言えるわけです。女の人が女として勝負したら、男ってのは自然とこっちにやってくることになるんですよ、本当に。それを、男として勝負したから別れなきゃならないことになったんと違うかな。斬り合いしたんでしょうね。で、面接の中で女性性を獲得してゆくとき、この人どこかにもっていくところないわけです、カウンセラーだけになってしまうでしょ。夫婦関係があってこっちに来てられる奥さんっていうのは、我々に転移起こされても御主人に返してゆけるでしょ。けれどこの人は返してゆけるところがない。するとカウンセラーの方も自分の能力に応じた距離っていうのをちゃんともってないといけないわけで、すると、会い方の次元みたいなのがあってね、子供に対する対応の仕方として「時間をきめなさい」とか「どうしなさい」とかいう非常に現実的なレベルで応答するのと、もう少し深いところで応答するのとがある。で、ここでは、だいたいまあ、しんどいだろうけれど頑張ってくれというような調子でね、そういうペースでやってる。これ、自然の流れで流れていくのはいいけれど、自分でぐっと深めていこうとするのは危険でしょうね。かといって逃げてばかりいたのではしようがないんだけれども。

クライエントの不安と変容

ここで難しいのは、クライエントが変わってゆくためには、不安とか物足りなさをある程度経験しないと変わらないわけで、だからそのクライエントがもの欲しがっている程度にスポッとやってしまうと進展というのがないわけです。長続きばっかりします。ものすごく長続きばっかりしますけど変わらない。だからどこかでクライエントをおびやかさないといけないわけで、しかもそれもこっちの覚悟がいるわけです。おびやかして向こうが不安になったときにこっちが支えきれなかったら、切れてしまうわけで、そうすると、変わる程度の不安というのをどこかではっきりさせなければならないです。なんか全部受け入れてもらったという感じだけでは、ちょっと不安がなさすぎるでしょ。なんでも聴いてくれるし、他の人に言ったら、少し説教されてしまいそうなことでも、ここの先生はなんでもわかってくれるというだけでは困るわけです、クライエントを変えようと思ったら。ところがまあセラピストが、今の段階ではそこまでいってなくてまだカタルシスだけでよろしい、と決めてるんだったらこのペースでいいわけね。けれど、聴いていて何か物足りない。もうちょっと不安を与えてもいいんじゃないかって気がしますね。あるいは聴くっていっても、もっと口数少なく聴いたほうがね、もっと不安が高まるでしょ。ところが、こう適当に物を言ってもらうとね。疲れたら、こうせんべい一枚もらうみたいでね。一枚分しゃべってまた一枚って感じですね。だからこれ、せんべい一枚をあげないわけです。みんながやるところで待っててね、そうするとちょっと不安になりますね、ものすごく奇妙な気持ちになります。ものすごく聴いてもらえたという気持ちと何か物足りなかったという気持ちと両方もってね。帰りがけにこれでよかったのかしら、なんて思わざるをえなくなる面接ってあるわけです。ところが、危険なのは、これでよかったのかしら、だけでなしに、あの先生もこれでよかったのかしら、なんて思いだすとね、次に来ないようになるわけです。そこがむつかしい。ものすごく聞いてもらった満足感と同時にちょっとした不安感ってのを与えないといけない。このケースでも終わりのほうで「むつかしいですね、普通の家はどうしているのでしょう」っていうところがありますね、こういうときにここの家は離婚していてお父さんがいないわけだから「普通の家はお父さんがいらっしゃいますからね」と言ったらいっぺんですね。親父がいないからリズムが狂うわけです。そんなものすごく言いたいこと、この人の一番言いたいこと、しかも言えないことを平気でぱっと言いますとね、ここでハッとするでしょ。「そしたら時間ですから、さよなら」ってなると、この人一週間考えに考えなきゃならない。家に帰ってね、親父がいない家族ってものをね。そんな風にね、人間をフラフラにしないと人間って変わらないわけでね。ところが、そういう言いたいことを言われてもやっぱりあの人のところに来て話そうと思わなきゃいけないわけで、「そりゃ、親父がいないからですよ」なんてこと言ったら、言い方によってはもう来なくなりますから、それはこっちとの勝負になるわけですけど。

このクライエントが「自分が健康さえ自信もてたら、本社に変わっていって…なるんだけど、不健康だからダメだ」と言うところがありますね。これ、アドラーだったらどう言うか知ってますか？そう、逆転するわけですね。逆転して聞くわけです。つまり、本社にいくのが恐いから…と、それはアドラー流の言い方です。僕ら、そういう聞き方も知ってないといけない。しかしどこまでそれを言うかは別としてね。

黙って聴いているというのも相手の不安を高めるいい方法ですね。それを適当なところで適当なことを言うのは、一番スースーと行きやすいわけです。バーバーと言ってはちょっとわかったような気がして、本当はわかってなくてもスースー行くでしょ。ちょうど、適当に応答してしまうとスースー行ってしまって不安に直面してゆくことができないということをセラピスト自身が一番よく知っているのに、こういうことを言わされているのは、非常に不安の高い人だろう、という言い方もできますね。それはよっぽどよく知っている場合だけれど、「僕、あんなアホなこと言わされたから、あの人はよっぽど不安の高い人かなあ」って考えることありますね。そういう場合は、他のこともできるのに、そうさせられたということでね。こっちがもう知らず知らずのうちにのってやらされている。そういう言い方もできるでしょ。このクライエントの得意なのは、そういう知的な対話に引き込んで、やあ、あそこへいったらいろいろためになりますよ、なんてことで、いろいろの問題に直面しないできているわけですからね。そういう点では非常に不安の高い人で、そういうときはそういうときでこちらも方針があるわけで、非常に不安の高い人だから、一応この知的な防衛にのってみようと思って応答していくのならそれでいいわけですね、それがわかっていれば。

この人一つも不安に直面しませんね。何も不安のないのは、不安神経症の人の典型ですね。つまり、それを出したらすごく危ないわけでね。で、そういう人だからセラピストの方もそうさせられているのかもしれないけど、この人の不安が高まりだすとむしろセラピストが不安のない方へもっていってる感じあるね。「あんたみたいな人は、かえって長生きするかもしれない」なんて言うところね、僕なんかだったら、すごく深刻な顔になると思いますね。つまり、ね、「そうですねえ」って言ってね、それでこっち黙っているわけですわ。そしたら向こうものすごく考えなきゃならないようになりますね。そしてもうかなわんようになったときというのは、何か、ギリギリの線で何か言わなきゃならなくなるわけでしょ。そうすると、その程度でこっちも判断できるわけです。そしてそれがものすごく向こうに打撃を与えたようだったら、今度はパッと違うことを言っていいけれども。これが、「僕とその人でもてるかぎりの不安を増大させる」ということです。これ、非常に大事なことですね。で、このクライエントは不安になりそうなことを自分でよく言ってるわけですね。だから、この人は、死の恐怖におののいていること非常によくわかりますね。つまり、この人は、死ななきゃ独立できないわけでね。だから、それが、ものすごく大事なわけです。そう考えると、この人が死というのを恐れることは非常に大事なことなんだから、もっと深刻に受け取っていいわけです。今にも死にそうな顔をこっちもしていいわけです。そうすると、おもしろいことで、こっちが「ウーン」と言うと、「そんなこと言うだけで、絶対にありえませんよ」ってすぐにパッパッーとやる人は、弱い人ですね。そこでもう一つグッと頑張ったら強い人で。だから、そこで分かれ目が出てくるね。ところが、セラピストの方が適当なところで応答していくと、そのままでスースー行ってしまうでしょ。だから、「わかったわかった」って言って結局わかってないわけね。ここでセラピストの言いたいことは、わかったような顔をしてても、ほんとはわかってないんじゃないかってことなんだけど、「わかっても……」

というような言い方だと、あなたはわかってるということが承認された格好になる。すると、私はわかっているけれど治らない。やっぱりカウンセリングがおかしいんじゃないかってことになる。で、結局、相手は不安にならないわけだから、ここはもっとこう不安をぐっと高めてあげるということも大事ですね。例えば、クライエントが「結局のんびりムードにつかってるということですね」と言うわね。そこでセラピストが「いや、それでも、あんたは上昇する傾向があるんじゃないか」と言いますね。するとまた向こうは不安がなくなっていくわけです。こういうときは、やっぱりclient centered（クライエント中心）で、向こうの言ったことをこっちも言ってやる。だから、クライエントが「のんびりムードの中の不安を経験してます」って言ったら、その言った通りを言ってやる。「そりゃのんびりムードの不安ってやつですなあ」って言って、それで終わるわけです。向こうはそういう風に言ったら次に、そうしたらこうしなさいとか言ってくれるかと思ったら次何も言わない。すると向こうは、アッと思って、不安がガーッと高まるわけです。で、クライエントの方で何か言わないとしかたがないということになってくるわけですね。ところが、僕はそう言っておいて、不安があんまり高まっていって、ちょっと、動揺が激しかったらそこで止めるわけです。止める方のことを言っておく。そして、その人とのギリギリの線までもっていこうとしますね。

このクライエントが試験を放ったというところがありますね。そのときに、「へえ、放ったんか、できないからやめたん？」とか言って、ちょっと脅威を与えてみて、そのときに、「いや、本当のこと言ったらさぼったんです」とかそういうこと言えたら強いわけで、そのときにもうかなわなくなってスーッと逃げるかで、そのクライエントの自我の強さがわかるわけでしょ。強かったら強いとこから出発できるけど、弱かったら弱いとこから出発しなきゃならないわけで、そういう風にちょいちょい向こうの応答で向こうの強さをはかっていくというのも大切な気がしますね。

クライエントを立ち止まらせる

例えばこの人が「子供をパーンとやりました」って言うところ、あるでしょ。そういうときにね、「あっ、パーンとやりましたか、パーンとね」と言うわけ。するとクライエントは、ちょっと立ち止まれるわけでしょ。それで「なんで私、こんなひどいことしたんだろう」って思いますね。そういうときに今度「子供を殺したいような気持ちわかる」とかお母さんに言ってやれば入るわけです。それから例えば、家にいるときは、パシーンとやってしまうけど、外に出たら子供が全く勝ってしまう人もありますね。そういうときには、冗談が言えるわけです。「両極端だったら、その平均ってわけにいきませんか」とかね。もちろん、言ったってできないんだけど、何かそういう線みたいなものをね、こっちが言ってやるとね、こっちが強いこと言える。そして、お母さんがハッとしなければならないことを、そのかげでやっていくわけです。それから、セラピストがもう少し頑張らないといけないところもありますね。あんまりクライエントがしんどそうだから、セラピストの方から助け船出してしまってる。クライエントが精神的なことを言い出すと、こっちもしんどくなるんですね。そうすると、どうしても、セラピストの方から雰囲気の問題だとか言いたくなるわけですね。するとまた、クライエントは安心してしまうわけです。で、安心してしまうということは、変わるエネルギーがなくなってしまうということですね。

受動的な積極性

むしろノーマルに近い人の方が症状だけ問題にしていっても簡単には治らない。むしろ、もっとゆっくりかまえているほうが治りが早いんじゃないかと思う。けど、待ってるほうが出てくるといってもボヤッと待ってるだけじゃいけないんで、待ってるというこちらの姿勢をちゃんと示さないといけないわけです。このクライエントの言ってることの中には、こっちも頑張ってるんだからあんたも頑張ってくれという感じのところがありますね。そういうときには、こっちも頑張っているってことをどこかで見せなきゃいけないわけでね。はっきり言葉で言うときもあります、「そっちも頑張ってるんだったらこっちも頑張らなきゃいけませんね」とかね。そういうことパッと言うと、あっ、やっぱりこの人は頑張ってるんだということがわかりますね。例えば、このクライエントだったら、三回目で、ずいぶん頑張って恋人の話なんかこれだけして、しかもテープにとってよろしいって言ってるわけで、この人にしたらずいぶん努力を重ねているわけですよね。だからこれだけ努力を重ねてるのにセラピストの方はどれだけ努力する気があるんだろうということを向こうは思ってるに違いない。そういうところで、こっちがそれを言ってもいいですよね。「この前はよく話してくれたし、テープをとらしてもらってるし、頑張らないといけませんね」とか。言ったって、こっちは別に何にもしないけどね。何にもしないけどそういうところは全部わかっておりますということをはっきり伝えるわけ。そうすると、この人、何もしないけど頑張ってるんだなということもわかるし、あるいは、こっちが頑張ってるってことは通じてるんだなってこともわかる。そういうときに、こちらがちょっとたじろいでしまって離れると向こうと離れてしまって、下手すると、よく三、四回で中断することがありますが、それはそういうときです。僕ら、非常に受動的な姿勢だけれども、心はすごく積極的なわけだから、その常に受動的な姿勢だけれども心はすごく積極的だということをどこかで示さなきゃいけない。それは相手が弱い人であればあるほどこちらの積極性を具体的に見せるわけです。例えば、向こうが時間変更してきたのにパッと応じてあげたり、どうしても大事だと思ったら、時間を延ばしてあげたりだとか、危険度が高いけれど、その危険性を考えながらでも積極性を示す。それが例えば面接室を選ばせてあげるとか、それは簡単なことだけど、そういう非常に小さいことで、こちらの積極性とか自由性とかを相手に伝えるわけね。

カウンセラーはクライエントの求める役割をとること

この人はこれを非常にはっきり言ってくれてるわけで、例えば、「何か言ってくれ」とかね、「身内だったらどうですか」とか言ってるのは、つまり「私の身内に男はいない。だから、私の身内の男として言ってくれ」と言ってるわけですね。だからセラピストとしてはここで絶対に兄貴にならないといけないわけです。兄貴の役割をとるということでも最後にパーンと言いますね。それだけでこの人すごく喜んでるね。あんなこと誰も言ってくれないわけです、この人にとっては。そういうこと言うのがこれがクライエント中心なんですわ。クライエントの一番言ってほしいことを言うことですね。ところが、そのときに腹が立って言ってしまったなんていうんじゃなくて、やっぱり、この人の成長のプロセスの中で発言していくのが大事なんですね。この人「兄のような立場の人がいない」って非常にはっきり言ってますね。だからもうこれは兄貴がほしいということで、やっぱりそこまで言われたらこっちも兄貴の役割をとらなきゃいけないわけでしょ。だから、兄貴が言うようなことを言ってやる。兄貴だから、「もっとしっかりしなきゃダメじゃないか」なんて感じで言ったらいいわけで、けど、それは言ったからといって向こうが従うというわけじゃない。だけど、ここに兄貴らしいやつがいるということで、そこからだんだんやっていくんでしょうね。そのとき、今度セラピストがどこまで兄貴でいけるのか、どこで兄貴の役割から他の役割に変わらなきゃいけないのかということはいつも考えていなきゃいけないんだけど、それは先のことでしょうね。

このお母さんというのは大変気の毒な人でね、自分が女性として生きることを認めてないわけです。それなのに、もうどうせと思った人と結婚して子供ができるわけだから、今だって何か仮の姿で生きてるわけですね。だから、もうカウンセラーは初めのうちはどんどん指示を与えていいと思いますよ。で、守ろうと守るまいと勝手でね、初めは明らかにしてあげるためにどんどん教えてあげる。カウンセラーが頼りないということでお母さんが来なくなったら終わりですからね。だから、自分は育児について知っているとかいうんじゃなくて、お母さんにとって今は老賢者とまではいかないとしてもね、賢者を望んでおられるときには、僕ら、いっぺんそうならないといけないわけです。で、そうなってても、どうせすぐばれるわけです。だから、向こうがこっちを神様扱いしたら神様になってていいでしょう。どうせばれますからね。そうでしょ、向こうにとって要らなくなったら、ばれるわけですね。

今のところはちょっと尻こそばゆいけれどね。ちょっと先生らしくしていいわけです。先生らしい態度で「お母さんよくやってる」「ここまでよくお母さんやってらっしゃいました」って言ってね、あなたは母として女として生きるってことをサポートして待ってたらいいんじゃないですか。で、向こうがもっと強くなってくるとね、「なんだこの若造は、結婚もしてないくせに」と思いだします。そしたら、それで終わり。それでいいんです。こういう人はね、そういう役割でない次元で人と会うことが非常にむつかしい。それは一番恐いことなんです。そんなだったら、結婚できなかったわけでしょ。だからこっちがもっともっと枠組みとして強力であって人間的には薄いというほうがやりやすいわけです。こっちが人間的なものを出してくると向こうは非常に戸惑うわけですね。もうどういう風にしていいかわからなくなってしまう。初めはそういう枠を柱にやってるうちに、自分はこれだけやってるじゃないかというのが出てきたら、カウンセラーのそんな役割はいらなくなる。その変わり目は非常におもしろいです。

ノイローゼの人の苦しみはわかりにくい

ノイローゼの人の苦しみというのは、慣れないとなかなかわかりません。ちょっとウソ言ってるんじゃないかとか、ちょっと大げさに言ってるんとちゃうかとか、そんな感じがしてしまいます。それは、主観的に言えば本当に苦しいんですが、なかなかそれはわからないもので、向こうもまだ伝えるだけの力をもっていないわけです。こっちにわからせることができない。だから聞いていても、どうも作り事みたいな気がする。それをピタッとこっちに伝えられるようなクライエントというのは、よっぽど力がある人ですね。やはりこういう人は長い間かかりますし、こういう人の苦しみというのは、なかなかわかりません。どうもなんかおかしいという感じがしてしまう。主観的には、確かに向こうの言ってる通りなんでしょうね。けれどこっちに伝わらせる力がない。こういう人を長い間やってると、ほんとにその悲しみがこっちにもわかるときがあります。そこからだんだん始まるみたいで、それまで大分かかりますね。で、また逆に言うとね、この人が悲しみをこっちに伝え、こっちも伝えられたのだから、ずいぶんセラピーが進んできたんだということも言えますね。だから、僕なんか、こういう人がバーッと言い出したときにわからなかったら、別に無理せずに、こういう人はわからないものと思って上の空で聞いていますね。一生懸命やったら損でしょ。だから、言わせるだけ言わせておいて、で、そういう風に聞いていたときに、チラチラと僕の心を打つものが出てきたら、だんだんよくなってきたな、というそういう感じですね。

セラピストとクライエントの性別の問題

異性の獲得ということがテーマであるクライエントの場合に必ずしも男が会うほうがいいとは限らないですね。というのは、やっぱりこの人は男らしい男というのはかなわないわけです。そうでしょう。男らしい男っていうのはどんなのかわからない。女の人とのつながり方は知ってるわけです。だから、女の人とつながるんだけれど、その女の人が男性役割をとるというのが一番やりやすいわけです。一つのステップとしてね。むしろ、ほんとの男らしい男がセラピストだったらもう来ないかもわかりません。それから、ちょっと話が違いますけど、例えば女性の人たち、二五歳とか二六歳とかそのくらいの女性が母性的なものを求める場合、かえって女の人よりも男の人のセラピストの方がいい場合がありますね。というのは、女性的なものを求めてる人っていうのは、母性に対するすごくアンビバレント(両価的)な反発をもってるわけで、そこで本当にお母さんらしい女というのをみると反発が起こるわけです。だから、母性を求めながら、女のセラピストというのをすごく嫌がる人がいます。そういうときは男の方がいい場合がある。自分としては、男女間の、異性間の問題だと思って、そういう転移を起こしていると思いながら、実際は母性的なものをその中で感じている場合があるわけです。だから、その辺は、セラピストとクライエントの男女関係って非常におもしろいことがありますね。

こういう思春期の入りかけでつまずいている女の子を男のセラピストがやるというのはちょっと難しいね。思春期の女の子の父親というのは遠ざけて見てるというような何とも言えない存在ですね。父親の方としても何とも言えない感じを味わされます。もう子供とは言えないし、といって娘と言うのもおかしいし、ちょっとガタガタするときがあるんじゃないでしょうかね。それを越したら、またちょっと変わりますけどね。結局、こっちに伝えられるような話題と違うんでしょうね。僕ら、そういう窓が開いてないからわからない。こういう人を上手にやる男性のセラピストもいますけどもね、僕はやりません。何て言うか、チラチラとした雰囲気があるでしょ。鏡を見て髪をシャッとかきあげたとか、○○がハンサムだと言ったりするところね、こういうのに僕ら応答できませんよ。考えるほうが得意だからすぐ考えてしまう。どうしてそうやった、とかね。そんなことしたら、向こうはたまったもんじゃないですね。もちろん、クライエントというのは、セラピストのペースに合わせてちゃんと沿っていくもんであるけれど、このくらいになると、男のセラピストではなかなかむつかしいのとちゃうかな。

「あっ、こいつアメリカ人だったんだ」

僕、アメリカで分析受けてたでしょ。で、分析家はアメリカ人だね。その分析家にどれだけアメリカ人の悪口を言ったかわからない。しかもそれは、「すべてのアメリカ人は」ってやるわけで、「アメリカ人は全部いけませんね」って言ってるわけです。そのときの自分の感じではね、その分析家をアメリカ人の範疇に入れてないですね。ちゃんと心理的には除外してる。で、そのときおもしろい体験したのはね、そんなしてしょっちゅうアメリカ人の悪口言ってたとき、その先生が大学で講義しだしたんです。そのうちに「お前聴きに来てもいい」って言ったんです。それで聴きにいって座ってて、先生が出てきて講義しだしたわけ。ものすごくびっくりしたことに、「あっ、こいつアメリカ人だった！　英語でしゃべってる！」ということ、本当にね、そのとき、愕然としましたね。本当にね、いかにもいやそうに、アメリカ語でしゃべってやがる、という気持ちしました。講義するときはペラペラしゃべるでしょ。僕としゃべるときはゆっくりしゃべるからね、わかるように。そのペースが全然違うわけです。で、次分析に行って、「先生がアメリカ人だと思ってびっくりしました」って言ったら、「そうか、おまえもとうとう気がつくようになったか」と言って、結局、こっちもそういうことに気がつく頃になってるわけで、それやってもいいから講義を聴きに来いと言ったわけです。そういう風になるまでは講義を聴きに来いとは言わない。それまでに講義を聴きに行って、そいつがアメリカ人だということを意識しだしたら、もう分析進まないからね。だから、セラピストがクライエントから短刀を突き付けられるように感じるといっても、それはこっちの側から言ったわけで、クライエントとしては意識的に突き付けてるわけじゃないね。女のセラピストに対して女の悪口言うとか、男のセラピストに女のクライエント、よくありますね、「男はみんな狼よ」とかね。「僕、どちらに入ってますか?」と聞きたくなるけど、セラピストが全部わかってくれてるかというとそうでもないし、全然わかってくれてないかというと、そうでもないし、そういう気持ちの何とも言えないところでこういうのが出てくるわけです。

セラピストがコミットしていることを示す

治療経過の中でテストをするというのは功罪をよく問われるんですが、僕は思うけど、大体自分の好きなテストをやると害が起こらないですね。そのことを向こうに問われてもこっちの答え方が違うわけですね。適当なことが言えるんです。ごまかさずに。しかも言っても言わなくてもいいことは言わないようにして言えるわけです。これ、クライエントになったら一番よくわかると思うけど、向こうも何か欲しいわけですね。で、一番大事なことはね、ものすごく簡単に言うと、「先生も私を好きですか」っていうことですね。「先生、私こんな馬鹿なことばかり言いに来ていて、こんな馬鹿なことばかり言ってる私を、やっぱりいいと思っているんですか」っていうこと、一番言いたいわけでしょ。で、心の中で思っていることは、こんなことごたごた言ってたらあの先生私をつまらない女だと思ってないだろうか、ということです。そんなときに、いやそんなことはないんだと、こっちはどこかで言わなきゃならないわけです。そうすると、その証明がほしいわけです。クライエントとしてはそうするとテストの結果なんてのは答え方によってはすごく都合がいい。そんなんで向こうはこの人はコミットしている」ってのがわかるわけです。僕らはコミットしていますっていうのを、普通のようなやり方では出さない。普通みたいっていうのはどういうことかというと、「お茶のみに行きましょ」って言ったら、「ハイ行きましょう」、いつでも来てくださいで何時間でも話してください」とか、「欲しいものあったら買いましょう」とか言ってやるわけでしょ。僕ら、そういう普通やることを全部抜きにして、しかもコミットしているということを出すわけだから、ちょっとした言い方で向こうはとるわけです。この面接の中で、セラピストが、「僕も学芸会好きじゃなかった」と同情するところあるでしょ。こういうのもクライエントにとっては非常に良い感じをもってとらえてることになるわけです。けれど、これを下手すると、「先生はどうですか、先生は赤面の恐怖ありましたか。先生はどうなくて治せるんですか」ということになりますね。だから「僕は、……」ということは、なるべくこでは出さないほうがいい。ときどきやっぱり出さねばならないことがあるけれど、できることならなるべく、今言ってる、コミットしている姿勢なんてのはほとんど前面に出さずに治っていくのが一番やりやすいわけです。それは向こうが自分で話をすることで治っていくのに意味を感じるから、「先生どうですか」、なんて言っているうちに治ってしまうわけで、ところが苦しい人ほどこちらの程度が知りたい。お母さんでよく聞く人がいます。「私これほどムチャクチャで、これほど苦しいんですけど、先生はどうお思いうことかといったら、「先生お子さんありますの?」って。それはどういですか」ということを言いたいわけですね。そういうときにセラピストが、「子供三人ありましてね」なんて言ったら向こうはすごく喜んで、「で、先生どうですか」って言ったら、「うちもうまいことといってません」て言ったら、ますますうれしくてしょうがない。けど、そういうとき思うのは、どうやってカウンセリングになるんだろうってことです。だから、子供があると言ったほうがいいのかどうかは、場合によると向こうが一番言いたいことに合わせなきゃいけない。だから、僕も……と言うときは、どんな意図かということが、セラピスト自身によくわかってないといけないわけです。

宿題を出すこと

このケース経過の中で、四回目の最後に、「次には何を言うか考えてきましょう。考えてきてください」って宿題出しあってますね。両方ではっきり出したわけですね。で、その次の回で向こうは始めにはっきり提出したんですが、セラピストは向こうが出せと言わないから出さなかった。これはどうでしょう。これクライエントの方から言いますとね、セラピストはものすごくずるいと思います。そうでしょ。相互宿題にしといてね、自分は提出してるのにセラピストは出さないなんてけしからんじゃないかと思うけど、それは言えないしね。クライエントは「考えてきたけど、ない」って言ってるわけで、考えてきてる。宿題やったわけでしょ。だからセラピストも何かは言わなきゃいけないでしょうね。本当はこういう〝宿題〟にするってこと自体、何か失敗なんですね。けどもう出してしまったんだから、ここで、今度考えてきてくださいって言ったとき、クライエントも「先生も聞くことを考えてきてください」って言ってることはまさに、「私も頑張るけど、先生、どのくらい頑張りますか」って言ってるわけでしょ。だから自分がどれだけ頑張ったかを伝えないといけないですね。この苦しみを自分だけで乗り切って、自分の力でやりぬいていく人だったらいいでしょうが、そうでないと、こういうところでだんだんクライエントと距離が離れていって、そして向こうは来なくなるわけです。ここで一つの方法は、セラピストが深いところではお父さんとの関係のことを考えていたんだったら、「僕一つ考えて、お父さんのこと聞こうかなと思っていたんですよ」って言ったらいい。それまでで「あっ」て言って向こうが答えなかったら、向こうにとってすごく早かったということでしょ。それで向こうが「ハア」って言ったら「ハア」としらばっくれて、次の話にパーッといったらよろしい。もうそれは固執せずに流してしまっていい。だけど、こっちが宿題をしていったことがかるわけでしょ。それからもう一つの方法は、向こうが「私考えたけど、話すことない」って言ったら、こっちも、「僕も考えてみたけど聞くことないんだ」って言ったら一番いい方法ですね。そして、結局どういうことかといったら、「考えてきてやるようなことじゃダメなんじゃないかと思ってね、それでいきあたりばったり頭に浮かぶやつのほうがいいんじゃないか」って言ったら、そういう構造ができる。ここでやることは、そんな意識的に考えてやることじゃなくて、自由に心に浮かんでくることをやることと違うだろうか、という感じにもっていけるでしょ。そういう風に、ここでちょっと構造を変えてみるのもいい。「ここにふさわしい話をしよう」なんて言ってるけど、ふさわしいという考え方がいけないのでね、ふさわしいもクソもない。そしたら「僕も考えたけど、ふさわしいも何もありませんでした。そんなのはダメなんですね」ということになったらいいわけで、そしたらもうメチャメチャでいこうかということになる。そうしたら距離は近付けるしね。

それとね、話題の中でセラピストが、「どうしてそういう違いができるか考えるに値する」って言いますね。たしかに値しますけど、こういう言い方をするとものすごく形がついた宿題になるでしょ。その言い方は形をつけないほうがいいね。「そうですか、そりゃおもしろいですねェ」って言ってね、ものすごくこっちも考えるわけです。で、ものすごく考えてるから、先生なんて言うだろうと思って向こうが見てると、「あ、そしたら時間ですね」って言って終わる。そうすると向こうは非常に深い宿題をもたされて帰ってるわけです。だから、考えねばならないということをこちらが言ってないけど、無意識のうちに続くわけです。それが「これは考えるに値する」って言われると、ものすごく意識的に考えてくることになってしまう。そうじゃなくて、別に考えようと思ってないのに考え続けねばならないという風で帰っていったほうがね、みんな深い宿題になっていく。そういう点でもその人が考えてこなかったら、まだその宿題のレベルに達してなかったわけで、達している人は何かが続いてやっていくね。だけど、それがクライエントによっては救ってあげないといけないわけだけれど、むしろ、向こうが強い人であるほどこちらは構造なしで行った方が早いこと向こうがやっていくんじゃないかな。

制止、限界、ルール

プレイセラピーのときの危険な遊びなんかを制止するとか、限界を設定するとかいう問題、非常に難しいところありますね。一般論では言えない。僕もわりと制止するけど、日本でやる場合は外国でやるよりも制止する程度がゆるいように思いますね。日本は許容度が高い。外国のプレイの実例なんか見ていると、我々よりも制止がはっきりしてますね。日本のカルチャー自体が子供への許容度が高いですから、それに合わせてるように思いますね。日本人ってのは、何も怒らないのに、知らない間にだんだん躾をしていくってのがうまいです。それはいけないことだ、良いことだという善悪の判断をキチッとするんじゃなくて、つながりをずっともちながら知らない間にやられていくわけ。我々もそういうカルチャーで育っているんだから、プレイセラピーの場合でも僕ら何となくそうなっているわけでね、特に女性のセラピストがやる場合には許容度が高い。だからといって僕ら外国の文献のプレイセラピーの真似する必要ないわけです。そんなしたってできないです。僕らがそういう風に育ってないもの。で、これは大人の場合でもそうなんです。大人の場合でもセラピスト―クライエント関係というのは、親と子の関係を心に描く場合が多いわけです。だからクライエントの方は何をしても、セラピストは許容するんじゃないかということが非常に高くなりますね。それだけに難しいです。

このケース第五回のときにね、退室したいというクライエント(子供)に対して、セラピストが断固として頑張りますね。これ実際は大変だったでしょうね。理屈を言ってしまえば簡単で、信頼関係があるからワーワー言っていられる。甘えさせてもらってるからこそ言えるんだと言えるけれどね。で、そのときには、非常手段です。どういう手段かというと、こういう風にバンとやる非常手段とね、もう一つはセーター一枚くらい犠牲にするわっていうように、こっちが完全に負けて徹底的に母性的なものでいく手段とですね。で、バンとやる手段を取るときに、やってるセラピストとしては、何かかわいそうだったと言っているけれど、やっぱりこれをやるんだったら、その後のかわいそうなところとか何かを受け入れる覚悟がないといけませんね。これをただ形式的に、形式を整えたら治るというような考え方をしたら一番失敗するわけで、ルールは守ってやらなきゃダメだとか言ってルール通りやって、こちらがのほほんとしていたら絶対失敗します。もうこっちも半泣きくらいでね。もうかわいそうになるんだけど、スーパーバイザーも言いやがるしと思ってやってるんならね、こっちの心もまた母性的な動きというのはやっぱり腹の中にあるわけですね。そういうものがうまくいってて初めて成功するわけです。で、もう一つは、これはやりぬいたときの次が決め手ですね。もう僕らだって、どっちにしろ難しいときには〝賭け〟でしょ。実際にセーター一枚犠牲にするという方法でいくか、断固としていくか、どっちにしたってエネルギー量は同じでね。それが成功したか失敗したかは後でわかるわけだけど、どこかの時点では賭けなきゃしようがないんです。そうしたときに賭ける決意と覚悟なしに中途半端にやるとね、向こうもすぐわかるわけで、ガチャガチャとせっかく頑張ったのに非常にヘンテコなもんになってきて、例えばここでバシンと何か言ったら次から来なくなったとかね。セーターの一枚もと思っていたのがセーター一枚ですまなくなって、だんだんエスカレートしてきたりね。そこが難しいけれど、これももっと難しい子だったらできませんし、それがこちらにもわかるはずです。いくらスーパーバイザーがバンとやれと言ったってね、この子の荒れようを見ていたらこっちがたまらなくなってドアを開けないといられなくなることだってあります。そういう自然の迫力で最後ドアを開けないとならなくなったら、それはそれでいいわけです。外国のプレイセラピーはバンとやるというほうが非常に多いけれど、日本の場合はセーターの一枚もというほうが多い。それはもうやってる人のパーソナリティと来てる子の状態との関係ですね、それが、もっと難しい子が来たらなかなかこうはいきません。その辺の読みというか、覚悟がないといけない。本を見たら時間通りやるって書いてあったから、では絶対にダメですね。で結局は時間通り頑張りぬくのも、向こうの言う通り聞くのも、こっちの使うエネルギーとしては同じですね。そういうときにはやっぱり自分の使いやすいフォームでやったほうが楽だから――本質的には楽な方法ってないんだけど――いわば自分の好きなほうの方法でやったらいいと思います。

玩具を持って帰るというときにね、大事なことは、持って帰るということをどう止めるかでなくて、この子の気持ちをどう受けとめるかということです。それがどうしてもセラピストの方は、「持って帰られたらどうしよう」というほうを考えるからね。だから、「あんたの持って帰りたいのはわかるけど、残念ながらここに置いておかねばならない」という心の揺れが大切です。で、今度言ったらもっと受け入れてやろうと思ってると、もう言わないことが多いです。もうクライエントにしたら、セラピストとの関係で、言う必要がないわけです。

話し合いと体験

このケースで、お母さんは水遊びさせないでくれ、と言って、セラピストはまあ聞き流して自由にさせていく。で、ずーっとこう対立ムードになっていって、しかし子供の動きでお母さんが悟っていきますね。これは、言わずにお母さんをどんどん追い込んでいく格好になっていってるんだけど、どこかでお母さんと話し合っていく方法もある。どっちの場合がいいか、それが大事ですね。「意味がある…」とか話していく場合もあるけど、また、早く話し合ったほうが失敗する場合もある。つまり本当には体験しないとわからないわけでしょ。言葉で言うより体験させないといけませんね。だから体験していないうちにあまり早く言語化すると失敗します。お母さんがそれを知的にパッと受け取って「ああ、先生、それはそういう意味でやっておられるんですか、それならどうぞ」なんて言ったらね、自分には責任がないでしょう。どうぞ砂遊びさせてください、水遊びさせてください、着替えを持ってきます、なんて受け入れたって、自分のエモーションとは関係なくなってくる。だからやっぱり追い込まなきゃいけないわけで、僕でもよくやります。お母さんが言っても全く知らん顔したり、ものすごくニコニコと聞いているけど言う通りにちっともしなかったり、そうして向こうを追い込んでいかなきゃしょうがない。しかし、そこでいつも言うように、追い込まれる程度とお母さんがそれに耐えられる程度とがあるわけで、耐える程度を越えて追い込んだらもうダメです。そういうときは無断欠席とかにものすごく注意しなきゃいけません。こっちが追い込みすぎたということで。けど、やっぱりたいてい続きます。おもしろいですね。お母さんはものすごく怒ったり腹立ったりしながら、心の片隅では何か子供も自分もよくなるために必要なことはどこかでわかっているわけね。そこのところの勝負ですね。

進行と退行

セラピーやるときにカリキュラム式でやるとね、どうしても進行するほうに目がいく。で、退行するほうに目がいきにくいんだけど、どうしても「次に何ができるだろうか」っていうのに一生懸命になるでしょ。で、これのいいところは、お父さんもお母さんも楽しみができるという意味で、子供と一緒になるというところ。それは非常にいいことなんだけど、本当はもっと退行した形で一緒になることが大事なわけです。で、自閉症の子なんかに僕らが会う場合にね、外見に惑わされて、本当のその子の発達段階に合わせた会い方がなかなかできない。どうしてもその子がニコニコ歩いていたらね、その子の歳…四つなら四つの子に言うような言い方してしまうわけでしょ。しかし本当だったら、その子の発達段階に合わせたらね、「アババ」っていうのが本当のわけでね、だけどそういう風にはなかなかできない。言語発達を考えるときに、僕らこの子たちに、ハイとかパパとかマンマとか普通の言語を教えているわけだけど、その子の本当の言語発達ってのを考えたら、布団の中にくるんでね、ものすごく安定して、お母さんも一緒になってワーワーやるほうが一番いいんじゃないか。そのほうが言語発達は早いんじゃないかって気がするね。まだやったことないんで勝手なこと言ってるわけですが、それからお母さんも再学習するわけね。産むところからの再学習というか、要するに「母」になってないわけですから。で、お母さんが母親になれるような転移をセラピストに起こせば一番いいわけで、そういうのを利用しながらもういっぺん産むところまで戻っていく、くらいのことをやったほうがいいのと違うかな。

流れと深まり

このケースの中でセラピストが「なんで？」というところがあるけどね、この「小さい方が勝った」と子供が言ったときのね、これはこういう言い方でなくて「小さいのが勝ったの、小さいのが勝ったらうれしいの」とかあるいはもっと「ウワーッ、小さいのが勝ったァ」でいいわけでね、そしたら向こうが、これはなんだとか言ってくれたら後でわかるわけです、流れの中でね。それを「なぜか」なんて言われたらものすごく論理的になってしまう。僕はね、子供とプレイセラピーやってるときに思うんだけど、ちょっと間をもって客観的にしゃべる方法と、こっちが入りこむ方法とがあるわけでしょ。で、それはまたカウンセリングのときでも思うんです。例えば向こうがいろいろと尋ねてこられたときに「あなたはそう思っていらっしゃるんですね」というのと「どうです」ってきかれたら「あっちに行ったらよろしい」というのとどちらが受容なのかね。後の方はもう向こうの線にパーッとこちらが入りこんでいくわけでしょ。それで、その会話というのは入りこんだ会話になるわけですね。どういうのかというと、例えば僕がA君に会って「昨日映画に行ったんだ」と言ったら「どこに行った」って言うのが普通でしょ。で「何観た、面白かったか」とそういう風に先取りするようだけど進んでゆくのが普通の会話なわけです。それを「映画に行った」と言ったら「あっ、お行きになりましたか」なんて言われたら、もう話すのやめとこうかとなりますね。でも考えようによったら先取りするというのはものすごく危ないことでもあるわけですね。下手すると日常会話に落ちてしまってなかなか深まらない。だから僕ら、ゆっくりゆっくり行ってるんだけど、それがね、あんまりいつもそうなってくるとね、それはそれでパターン化してしまうんじゃないかと思います。で、ときどきやっぱり進む方向に向かって発言するというのがいい場合もあります。これがプレイの場合ものすごく難しい。下手するとまるっきり遊びになる場合があるわけでね。すごく面白く遊びました、ということはわかるんだけれど、内的に何をしたかわからなくなることあるわけでしょ。それよりはこういう風について歩くほうがいいときもある。その辺はどっちがいいって言い切れないところがありますね。

四〜五回目のヤマ場

このケースでたしかに五回目でセラピストがついにパンと言いますが、これ言わなかったら切れますね。大体四〜五回あたりって一つのヤマでしてね、だいたいバーッと話してくれて、一通り言ってこっちもうまくいってると思って、向こうも何かを越えたと思ってここでセラピストがコミットしているということを示さなかったら、もう向こう来ないですね。そのコミットしていることをここで示したからいい。だからね、結局何のかんの言ってもクライエントというのはセラピストの本当の応答を引き出すわけね。こっちがまあクライエント中心で、と思っていてもダメなわけです。やはりクライエントの方がすごいわけね。やっぱり本当にクライエント中心でこっちが動かされるわけです。

これ四回目に、「始めに先生の方からしゃべってくれ」って言いますね。自分からしゃべるんじゃなくて、四〜五回目でみんなこういうことが起こるんですけどね。こういうクライエントはどんどんしゃべってくれるでしょ。こっちは聴いているからしゃべってくれるわけでね。ところが四〜五回目くらいになると「あれ？　セラピストはどう思ってるんだろう」と思ってこっちが気になってくるわけですよね。もっと簡単に言うと、「先生は自分を好きなんだろうか。こんな馬鹿なことばかり言っていて、やる気になってくれるだろうか」ということを知りたくなる。だからセラピストからちょっと足を出すことを願うんです。その言い方がいろいろあるけど、この人は「話すことないから先生の方から話してください」って言うでしょ。これやっぱり、セラピストがどれくらいこっちに会いにくるか、っていうのを知りたがってるわけです。ここではセラピストは一生懸命に、自分がいかに一生懸命かっていうこと、コミットしていることを知らせなきゃいけない。僕だったら言いますね。それはこの人の内的な思考の流れには影響を及ぼさないことで、いかに一生懸命かがわかること。危なくない話でコミットしていることを示す。これしないと切れますね。いつだったか、来るなり「今日は先生、休戦にしてください」と言ったクライエントがいましてね、セラピストが「そうですか」って言って話をするわけね。そうすると結局向こうは話すのがかなわないなと思いながらみすみす話してしまってね、次から来なくなった。つまりセラピストが近付いてほしい、近付いてほしいって思いながら、自分の方が言ってしまって、しかも深いところを言ってしまって、いやになって来なくなったんですね。四〜五回目にこういうことが必ずあります。

「またできなくなっちゃった」

このクライエント、プレイセラピーで竹馬やってね、それで来るたびに「またできなくなっちゃった」って言うでしょ。これつまり、「なかなか先生が思ってるようにうまくいってないんだ」ということ、それからもう一つは、プレイルームに対する、「治してほしい」っていう期待ですね。つまりね、これできなくなっちゃったんだけど、セラピストに会えばよくなる、歩けるようになれる（竹馬ができる）っていう期待があったんでしょうね。だからセラピストのイメージはこのクライエントにとって本当にすばらしいイメージになってたんだと思うね。これ本当に治してもらうって感じでできないから、「ほら、先生」で、「治してもらいました」でまた、「先生は喜んでいるけど外ではものすごく苦労しているんですよ」ということね。竹馬はそういう意味でものすごくいい道具だったんでしょうね。このクライエントはなかなかうまく道具を使う。何もかも非常にうまくアレンジしてゆく力がある。それでこの子は、話ができなかった子が話をするわけだけど、会話の前にボール投げとかやっていくでしょ。これも一つの会話ですね。やりとりのテーマというのは繰り返し繰り返しやって、で、そういうもののやりとりの次に言葉にもっていくわけです。

セラピストが流行を知らないとき

セラピストがクライエントがものすごく好きな歌なんか全然知らなかったらどうなるか、ということですけど、でもこれ、共感できたらやれます。けれど、そこで大事なことは、知らないのに知ってる顔しないことですね。知らないままで感じるということ。僕がセラピーしたことのある緘黙でチックの子で高校生でしたけど、やはりものすごく歌謡曲が好きでね、で、僕は全然知らないわけでしょ。で、僕は、「すまんけど教えてくれ」って言ったら「何だ、こんなの知らないのか」って教えてくれた。緘黙の子が一生懸命話してくれましたけどね。ぼくもその頃はテレビ見ましたけど、ちっともおもしろくないんですね。だからこっちが知らなくても案外わからないんですよ。でも展開の仕方は違ったかもしれないね。これだけのってやるクライエントだと。

で、こういう歌謡曲とかでずーっとやっていくことね、よい言い方と悪い言い方両方言えるわけだけど、まず悪い言い方からすると、自我とかそういうものができてないところにこういう文化情報をバーッとふきこまれたら、こんな風になるぞってのも言える。また良い風に言うと、こういうのをうまく使って自分というのを再統合していくって言い方もできるわけです。これをもうちょっと防衛の程度をきつくしたら、自閉症の子がコマーシャルばかり歌うとかいう方向にまでいくわけで。生きた人間として生きた関係をもつというのはもう怖すぎるんで二重、三重で生きてる。歌謡曲ってのは、コマーシャルよりはちょっとこっちに寄ってる感じですね。それでも歌謡曲や漫談でやらねばならないというのは、よっぽどのクライエントだと思います。普通の会話ではできないわけですからね。で、セラピーが進むとちょっちょっとセラピストと普通の会話を交えるようになる。すぐ後またパーッと離れるけれどね。そこがおもしろいね。

どうしてもこれを聞きたい

カウンセリングがかなり進んでからね、情報としてだけ知っていることの中で、例えば、両親の死やらについて、どうしても聞いておきたいと思ったら、聞いてもいいわけです。「どうしても言いにくいと思いますけど、我々としては聞きたくてしょうがないし、それを言ってもらわないと進まないと思いますので」って言って。そうするとこっちの迫力というのが伝わりますね。で、今日はどうしても聞いてやろうと思うときは、ちゃんと睡眠時間も充分にとって、飯も充分にとって、体調を整えておかないとダメです。絶対にちょっとでも弱いところがあったらダメです。で、今日言おうかと思うんだけど、その日あまり寝てなかったとか、飯食ってないとかいう日は止めといたほうがいい。こちらは完全にしておいて、もう後ろに引かないという風にしておかないといけない。それでおもしろいのは、完全にこちらがしておいて聞こうと思ったら向こうから言いだすことがあります。それもこちらとの関係でしてね。関係ができてないうちに言ってくださいといってもそれはダメです。でも、そこまでこっちが準備していって、それでポンとはねられたらこっちの読みが浅かったわけだから、またこっちで反省しなきゃいけないわけです。なぜこっちがそんなことを言う気になったのか、ということをね。

プレイという会話

プレイセラピーもカウンセリングの会話も非常によく似ているわけです。カウンセリングでもこっちが突っこんで向こうが拒否してもまだ突っこむこともあるし、拒否されたら引っ込むこともあるし、そういうことがプレイの中でも行なわれる。そういう風にプレイでも会話になっていると思ったら、カウンセリングで僕ら、クライエントがしゃべってるときずっと待ってることもあるし、バーッと言うときもある。言いかけて、いやな顔したら止めるときもあるし、いやな顔されてもまだ言うときもあるのだから。それと同じことで、プレイっていうのは、カウンセリングの会話にものすごくよく似てると思うんです。

終わりたいサイン

こう、来るたびにずーっといいことばかり言われるときは終わりたいときが多いです。これだけよくなっています、ということでね。なかなか終わりたいということが言いにくい人で、自分の方から言えないときいいことばっかり言われるときは終わりたいときです。あるいは、いっぺん終わりたいと言って、そのときは終わらなかったりしてたら、もう自分から終わりたいとは言いにくいわけです。だから、これだけよくなった、これだけよくなった、さあどうしましょう、ということですね。そういうときは、まあそろそろとか言っておいたらいいですね。そうしたら向こうが言いやすくなるからね。

おばさん的話

この面接まあ聞いていて、奥さん同士の話し合いって感じだと言ったけど、カウンセリングがそうではいけないということは言えないわけで、この人はそれがなかった人じゃないかなと思いますね。セラピストとウフフと笑うところがあるでしょ。女同士の何ともいえない笑い。ああいうのがなかった人じゃないかと思いますね。この人はじめは理屈が勝っているでしょ、何でも論理的に、という感じでね。それが、だいぶ気持ちが出てきてる、というか、で、そういう本当の気持ちを出せるというところに来る目的があったと言えるんじゃないでしょうか。そういう風に動いていったんじゃないかと思いますね。最初は、正義感がどうのとか、だいぶ理屈っぽいでしょ。それが後の方になって、ずいぶんルールを破ったことを平気でやってるわけだからね。で、ルール外のことやってみて、「でもおもしろかった」って言ってますね。自分の感情バーッと出して、あれでもよかったんでしょうか、へへへってやってる。これ、考えてみれば、そんなことみんなやってるんだけど、それができなかった人がクライエントですよね。その硬さの中でね。だからむしろ、これはカウンセリングでいう深い話よりもおばさん的な話というのがねらいになってもよかったんじゃないでしょうか。

だから僕だったら、ここでセラピストがやってるようなことをもっと意図的にやりますね。つまり、この感情出してワーッとやるところをもっとやりますね。その全く普通の馬鹿話というか世間話というのをバーッとやれるような方向にもっていく。でもそれは第一段階で、次はどうなるかわかりません。

Ⅳ　セラピストとしての問題

所属している場に守られているカウンセラー

ここ（大学内の相談室）でやっているということは、みんな非常に守られているわけです。というのはここでみんなやってたら、来週来てくださいと言って、みんな来週来るもんだと思ってるでしょ。みんな思ってるだけでもだいぶ違う。ここでやってたら「来るもんだ」という気持ちができてくるだけでも、守られてるわけです。そしてまた、実際にここで四年間なり五年間なり一週間にいっぺん必ず会っていく方法を身に付けていくと、今度外に出ていって貫禄みたいなものができてくるのでね。これはお医者さんでもそうなんです。病院でやってんのか、大学病院でやってんのか、個人開業でやってんのか、これものすごい違いです。また、児童相談所にいる人は児童相談所に守られてるわけです。思いのほかいろんなもので守られているわけです。これ、自分が本当にやりだしたら、来週来るかと思って「来てください」と言ったって、案外来なかったりするもんで、児童相談所でうまくやってできるから、よし、これやめて俺は相談で飯食ってやろうと思うと、これなかなか難しいです。それからやられたらわかります。もうどれだけいろんなもので守られているか。それから、ここについて言えるのは、ここは児童相談所や裁判所が守られているような意味では守られていないわけで、つまり裁判所や相談所だったら何か行かないといけないような感じがあるけど、それがここだったらある意味では明くる日から来なくなっても向こうの勝手でしょう。だからその点では非常に自由なんだけれども、全体の雰囲気とか、何かみんなでやってるとか、そういうようなことで非常に守られてる。これ、カウンセラーが一人で、例えば学生相談室なんかでやっていたら、時間を言ったって時間通り来なかったり、遅れて来たり、「来週来なさい」と言っても、来なかったり、いろいろなことが起こるわけです。

大事なことからの逃げ

例えば、カウンセラーであることの他に、地域のこういう障害児のための運動を広げて、こういう母親や地域の人たちを啓蒙し、指導してゆく立場にもある場合なんか、よっぽどよく考えないと、かえってその一つのことへ逃げやすくなる。まあだいたい、ガイダンスする格好のほうへ逃げやすくなる。だから、内面的に非常に大事な話をグッと聞いているような場合には、カウンセラーとして聴く。そんなときと、非常にガイダンス的に、あるいはもっと運動を組織してそれを動かそうというようなときとはすごく違うわけです。そこで大事なことは、カウンセラーがやっぱり一人の人間として自分として生きていくってこと。下手すると、やってるカウンセラーのアイデンティティがやってる中で混乱してくる。そうすると、やってもらってる方もものすごく混乱してくる。例えば、精神病とか、分裂病（統合失調症）の家族の人の場合、分裂病の子あるいは妻のために何か組織してやろうとするときにね、そのことをものすごく一生懸命やっているときには、そのことに生きがいを感じてやっている。ところがフウと思い出すと、本当に大事なこと、つまり奥さんの、子供の症状はそのままで、自分は逃げてしまっている。逃げてというより、ほかとの戦いでそっちを忘れてしまっていて、ホッと気がついたときには出てくる。自分の子供はそのままだってこと。そのときに、そこに接してる我々としては、よっぽどそこで、その家族の人と何をやってきて、何をやっているのかということがわかっていないと非常に難しいことが起こってきてしまう。

セラピストは生き残る

この子の生育歴とセラピストの関係は、セラピストの役割の本質的なところをすごくうまく示していますね。つまり、この子を「気がおかしい」と思った人はみんな死ななくてすむんです。ところがこの子を、何かできそうだ、と思った人は死ななくちゃならない。そこで、この子、何かできそうだと思っているけど死なないのはセラピストです。なんでかといったらね、部屋から外に出ないからです。だから、僕ら絶対に守られていないとダメです。難しいクライエントの場合は原則を破らないとしょうがないと言ったけど、今セラピストがやっている以上にやったら、やっぱり僕ら死ななきゃならない。よくクライエントに言うけど、みんなあなたの周りの人死んだりしたけど、僕は死なないよって。本当にそうです。難しいクライエントの周囲ではね、そりゃ次から次へと感心するほど巻き込まれた人が死んだり、交通事故にあったりします。で、だったらこの子を突き飛ばしてたら命が助かるわけで、だからみんなこの子を「気がおかしい」と言うのも当たり前の話で、それは本能的な防衛機制なんですね。だからみんな助かっている。で、僕らはそこに入り込みながら死なない役割、と言ったら一番よくわかりますね。ここでは、こちらもまたものすごく注意が必要だというわけです。それ以上は入らない。するとクライエントはたまらないわけで、ここまで入ってくるのだったらもうちょっと入ってくれ、というのでね、すごく苦労しますね。何かものを持ってきて預けたりするところね、これはもう、「先生ここまで伝染しないのだったらバイキン置いていくからね」ってことですね。また、「私の苦しみをちょっともってみろ」といって、こういうものでも持たさないとなかなか受け取ってくれない、というわけですね。

セラピストの居眠り

あるところまで関係が深まって、一番底の流れにのって二人が動いているときになると、もう、セラピストのやっていることも一種の自然現象みたいなものです。例えば、居眠りなんて一種の自然現象として起こるわけです。で、そんなとき、僕だったら言いますね。「なんで僕、ここで寝たんだろうな。あんたが来るのを割合頑張ってやってるつもりだけど、なんで寝たんだろう。もう会うのがちょっとかなわなくなったのと違うだろうか」って。そうですもんね。そうすると「やっぱり、ちょっと休ませてくれるか」って言える。もう同等なわけです。自然現象ってのは非常にうまくできてましてね、そういうものに対して信頼感をもっていていいわけです。こっちから、疲れてるから休みたい、とは言いにくいけれど、こういう形でならここでちょっと休戦がとれるわけです。ここであんまり無理して会ったりね、寝てるの誤魔化したりとかすると、またこれは、関係が壊れてしまうわけです。

共感の本質

セラピストがこの人の気持ちとか感情にペースを合わせて聴いていこうというのだったら、この人のつらさというものをよっぽどわかってないといけない。これはもう、ものすごい人生ですよ。それがものすごく大変だということがわかってなくて、「そりゃ大変ですね」って言っても、それは話にならないわけです。だから、この人に忠告するとか言っていくんじゃなくて、聞いてゆく、受け入れていくんだったら、この人の悲しみというものをものすごくよくわからないといけない。そのためには、こういう人のことを書いた本いっぱいあるでしょ。また、小説もあるでしょうし、そういうの読んで、自分でもっと想像力をたくましくして、自分が女性で、子供抱えて、一人でアパートに暮らしていたらどうなるかということをもっと感じないといけない。そして、そこの線に波長を合わせていたらね、一つ一つの話なんかは何も返事しなくてもいいというようになるんです。全然返事がないんだけれども、クライエントはものすごく深いところで聴いてもらっているような気がするんです。向こうは、何やら放っておかれているのか、わかってもらってるのかわからなくなってこざるをえないけど、考えざるをえない、ということになってくるわけですね。

この人(自閉症児の母親)がね、「障害児をもった人でないとわからない、同情あるいはお世辞というのはあるけれど、そうでない者には本当にはわからない」と言うでしょ。でもセラピストは別に障害児をもってるわけじゃないでしょう。そういうことを言われたときに、セラピストはどう感じたかというのがものすごく大事だと思いますね。しようがないではすまないわけです。本当は、その資格がないのに我々はそこに座ってるわけでしょ、だからその資格のなさ（障害児をもたないということ）というのを、セラピストがどれだけ知っているかということです。僕ら、幸か不幸か障害児をもってないからね、このお母さんの痛みをそのまま感じられないです。だから、障害児ももってないのに、もっている人から短刀を突き付けられているのと同じことですよ。これ、ものすごくしんどいことを言っているんです。つまりもう一歩言ったらね、あんた資格もないのによく私の前で話を聞いているなあ、ということと同じことを言ってる。そうでしょ、「資格のある人（障害児をもった母親）とこの間話をしてきました、で、ツーカーといきました」と言っているのは、あなたはツーもカーもいかない、結婚もしてない、子供ももってない、浮気もしてないのに、何にもしてないのに、なんでそこに座ってるんだ、とそのくらい言われているほどセラピストの胸にこたえてなかったら、それは共感にならないんです。そういうのが共感。結局、同じ体験はしてないんだけれど、その鋭さにおいて僕ら同じところに引き込まれていく。クライエントというのは、みんなそういう力をもってるんだから、それをそのまま僕らが感じたら、共感って言える。そこで僕ら同じような体験してるわけで、僕が言うような意味で話をしていくと、結局、僕ら体験してないようなことの話を聴いているんだけど、それを体験したような痛みというか、苦しみというのは、クライエントの言ってることと、どこかでつながってるわけです。それを、そうでなしに、まあ、障害児もってないからしようがない、スーパーバイザーがやるだろう、なんていうのでは困った話ですね。そんなんならスーパーバイザーに直接やってもらったらいいんです。

クライエント中心

今はね、もう「クライエント中心」ということをどう考えるか、もう少し突っこんで考えてみていいんじゃないかな。いわゆるクライエント中心の答え方にあったような答え方をしたい、テープを聞いてそう聞こえるようにやりたかった、というのは、やっぱり「セラピスト中心」になるわけね、そうでしょ。セラピストのやりたいことをやってるんだからね。だからどんな学派の立場に立つにせよ、それを深めていかなくちゃいけないね。だから、クライエント中心というのを本質的に考えていけば、やっぱり、この人の求めていることというのを中心にしなくちゃいけないわけでしょ。ところがここで、「何か言ってください、どうですか、どう思いますか」って聞かれてるのに、「何か言ってほしいんですね、私がどう思っているか知りたいんですね」ではね、セラピストの姿勢が中心になってしまってるわけでしょ。それは、セラピストがやりたいやり方、みんなにテープを聞かれたら、私もこんなんできるんよ、って言えるようなね、それはやっぱりセラピストが中心になってるわけで、そうでしょ。そういう意味ではね、どんなセラピーでもクライエント中心だと思うんですよ、本質的にはね。だから、何も言わないのがクライエント中心なんじゃなくて、クライエントの一番言ってほしいことを言うというのが、これ、クライエント中心なんですわ。

生きた言葉

これはみんな気をつけてほしいんだけれど、パーソナリティとか環境とか、なんかそういう風な言葉を使うほど話が知的になるわけでね、だからもっと生きた言葉を使わなきゃいけない。僕ら馬鹿みたいに本を読まされるから、そういう言葉で考えるけど、言葉というのは、絶対に生きた言葉を使わなくてはいけない。で、それから、このケースの中に、池の話とか、防空壕の話とか、お父さんが死んだときのこととか出てくるけど、そのとき、「死の恐怖です」なんていうのでなしに、もっと体験するように言っていかないといけない。「どんな池でしたか」「すごい池ですね」「四人も死にましたか」なんて言うと、だんだん向こうもワーッとなってくるでしょ。それでいて何にもこっちは言わないわけです。死の恐怖という言葉を全然口にして言わないわけだけど、僕の心の中には死の布置というものを完全に感じてきているわけです。だからその中に僕も生きて話をする。なかなか滅多に形のついた言葉は使わない。

それから知的な防衛にのっていこうとする場合でも、「原因がおありでしたか」と言うんじゃなくて、「あんた死を恐かったのは何歳頃でしたか」と言って調べるわけですね。そうすると、「六歳でした、それから一七歳くらいと今度です」って言ったら、「あっ、その前後どうなってました?」というようにやっていくわけです。それでもてんでに調べていったら、「あっ、そのときがあった後で変わってますか」「そしたら今度どう変わるんですか」となったら、ものすごくおもしろいわけです。知的にやるんだったらですよ。だけど僕は滅多にそういう風にはやりませんけど。結局、原因を探すというやり方をしようとすると、あんまり建設的ではないわけで、どうもこれが原因ですねって言っても仕方がないわけです、本当のところ。非常に知的なことにもなってしまう。

「じゃあ、おまえはなぜ生きているのか？」

そういう、自分が共感できないとか、あるいは自分の生きざまが問われるようなクライエントが来たということは、自分がそれを考えなきゃならないときが来たと思うことですね。自分もものすごく考えて本を読まないといけませんね。僕がよく言われたのは、おまえが仕事しなきゃいけない、ってことすごく言われました。例えば同性愛なら同性愛の人が来て、共感できないってことは、僕の仕事が足らないわけでしょ。だからそんなときが来たらセラピスト自身の仕事がいるわけで、自分なりにものすごく考えなきゃなりません。で、言いようによると、クライエントっていうのは、小学生でも中学生でも、「じゃあ、おまえはなぜ生きているのか」というくらいの迫力をみんなもっているわけだからね、実際。それで僕らは鍛えられなかったら話にならない。ただおもしろいことに、それに対する直接的な解答を僕ら用意する必要はない。それはできるものでもないし、そういう商売でもない。

構造をつけていくセラピスト

セラピストの方としては、むしろ症状に固執しないことが大事ですね。それでいて、それにもかかわらずクライエントの方が固執するのは、それなりに意味があるわけで、それはそれでいいわけです。けど、それをセラピストの方から言うと、かえって話題を浅くしてしまうんじゃないかと思いますね。けど、クライエント自身が話題を展開していくのが非常にしんどい人だとね、こっちがしゃべらされるわけね。その辺が、それにのってしゃべらされているのか、セラピストのスタイルとして、セラピストの方から話題を出していくというのがあるのか、そこをもう少し考えないといけません。

例えば、この回の面接内容で言うとね、クライエントが、「本当にこれ意識しないようになりますか？」って言ってるけど、「本当に治りますか？」って聞いてるわけでしょ。するとセラピストが、「だんだんよくなるでしょうね」って言いますね。これだって本当かどうかわかりませんよ。例えばここで、「治るでしょうか」って言われたら「ウーン」ってなことすると、クライエントの不安が高まりますね。それだけでもういいわけです。ただし、いつも言うように、ものすごく難しい人の場合には、僕らやっぱり「だんだんよくなっていきますよ」って言うわけで、もうそれは気休めでも何でもなくて、不安をあまり高くしないためにですね。でも、これだって、すぐにこう言っていいかどうかは問題です。こういう風に言うと、どうしても話が浅いレベルになります。そうしたら、「あんた治し方を知ってるのか」ということになりますね。だんだんよくなっていく見通しをもってるのだったら、その見通しにしたがって聞いていこう、ということになりますね。ここで、セラピストの聞き方を見ていくとね、例えば「赤くなって（赤面）一番困ることって何でしょう」って聞きますね。それで、ずっときて、大体一通り向こうが言うとね、あんたが次の質問することになって、「中学校時代どうでしたか」とね。またずっといくと、「こういうことはどうですか」って言ってるでしょ。見ていくとセラピストが話題を探ってる。そういう風に、セラピストが非常に構造をつけていくでしょ。これ、セラピストのスタイルですね。ただ、この人がこういうスタイルを要求するようなクライエントなのかもしれない、って感じもするけど。やっぱりセラピストの中に、このケースは軽いっていう気持ちがあって、それがどうもいけないんじゃないかな。たしかに症状から見ると軽いかもしれませんよ。だけど、こっちの気持ちまで軽くなって、深いところに目を向けようとしないんでは困るし、たしかにこの人は軽い症状があるわけですけれども、どんな軽い人でもね、治るということは大変なことですからね、その大変さというのを、こっちも感じていかなくちゃね。

逆転移

自分の課題とクライエントのそれが一致した場合とか、僕の容れものよりも大きい人が来た場合には、僕自身のことになります。例えば、クライエントの問題が父親との関係であって、セラピストにとって、父性性、支配性とは何か、どういうことかということとね、重ねようと思えば重なる。だから考えなきゃならないかもしれません。けど、クライエントが来るたびに自分のことを考えてたら、こっちの命がもたないわけで、自分の容れものに対して、向こうの問題が大きいときは、考えなきゃなりません。クライエントのもってきた問題が小さい場合は、それほどこっちは仕事をしなくてもいいわけでね。それからおもしろいけど、そういうことに関して自分の生き方をいろいろと考えてみたらいい。自分のつきあいの仕方とか、ウマが合う合わないの問題とか、自分がどう生きるかという問題とかかってきます。これが、僕は広い意味で言うと逆転移ってことじゃないかと思いますね。結局、そういう積極的な内的作業が、逆転移。そういうことがいつも起こるわけじゃないですよ。数のうちにはあるということ。いつもいつもだったら、こっちの命がもたない。また、そうまでしなくても、クライエントというのはすごいからね、みんな自分の力で相当立ち直ってくると思います。

セラピストの動きの自由さ

昔はプレイセラピーといってもすることがわからないから、迎合的にやっていただけで、それが変な理論と結びついて、何もしてはいけない、積極的に動かないのがプレイセラピーだ、なんて思われてた時期があった。むしろそれは間違いで、もう今はそんなに縛られてないと思います。カウンセリングでもそうですね。カウンセリングでもみんな縛られてしまって、何かこうかんかんに縛られているのがカウンセリングというような感じがあった。そんなんじゃなくて、もっともっとみんな自由に動いていいわけですね。ところが勝手ではないわけです。だからプレイを記述するときにも、その中でやったことをやはり書くべきでしょうね。で、やっぱり必要なのは、やるときには情動に重きをおいてたわけだから、その重きをおいた情動面というのをいかに記述するかということをものすごく考えないといけない。それが、報告を書くときに、やった結果だけを書いていくと、下手な人が読むと、こういう風にやるんだなということになってしまう。それは違うわけでね。そこのところをどう書いていくかが課題でしょうね。

セラピストのチャンネル

自閉症の場合には、セラピストは、三本柱か四本柱を立てなきゃいけませんね。以前は、そうじゃなくて、例えば相手の感情を受容するという柱だけで、できもしないのに真似ばっかりしていたからできなかったわけで、そこに、こっちから積極的にゆさぶりをかけたり、カリキュラム式でしたり、というのが入ってきたのはいいことだと思う。セラピーはこちらが安定していなきゃできないわけでね、こちらがそういう安定感をたくさんもった中で初めて、いろいろとおもしろいことができる。軽い子ほど、僕らはどこか一本柱をつかまえてたら治るわけです。例えば、非常に軽い情緒障害で来た子だったら、いわゆる受容的に接していくだけで治るわけです。その柱だけでわかるわけです、それが、難しい子になると、僕らこういうチャンネルをたくさんもってないとわからない。それは、大人の場合でも全く同じですね。難しい人ほど僕らたくさんの入り口をもつ。しかも、それらがどこかでからみあってるわけですね。

セラピストの正直さ

セラピスト自身が仕事をするってことですけれど、そのクライエントの人生というものを自分の心の中に描くということをものすごくやってみないといけない。そしてそれができないときは、あっさりとその人に言うときもあります。それはもうしんどいだろうけど、こっちはもう一つそれがわからない。もう少しわかるように言ってくれとかそういう風に言うと、こういうときによくあるんだけど、向こうは、「どうせおまえはたいしたことないけど、正直だという点だけをかってやる」とそれだけでつながるというのが最後の線です。だからもう、「私の苦しみわかりますか」なんて言われたときに、「正直わからない。わからないけれども、まあ来てください」とか何とか、まあ、そんな風に言うわけで、そうしたら正直さだけが頼りで続くこともあるだろうし、それでも続かない場合は、よっぽど向こうがすごいわけです。それと、向こうもまた、自分の苦しみを上手に言語表現する力がないわけね。それを上手にしてくれたらセラピストの方もわかるわけでしょ。それを、上手に表現するんじゃなくて、言うことは、具体的に……してくれとか言ってくるわけでね、そういう格好できたのをこっちはうまくとって、この人の人生というのを心の中につくっていくことがものすごく大事なわけです。もう、いざとなったらね、「先生、年、何歳ですか」っていうときに、非常に正直に応答するわけね。「○○歳で独身ですし、若いからなかなか通じないように思われますか」っていうようにね。あるいは、「自分としてももう一つ通じないように思ってるところがある、奥さんの苦しみはわかりかねてるところがある、こんなんでよろしいでしょうか」って言うと、まあ、許してやろう、なんてことになる。で、難しいケースはどっちもよっぽど一生懸命やらないとね。

うまく死ねるセラピスト

この中でね、子供が、「先生が轢かれるとこや」って言いますね。こういうときにはやっぱりね、せっかく殺されてるんだから、その、轢かれてるってことをやらなきゃいけないね。僕も昔プレイセラピーしたときに、バーンとやられたときに死ねなくて、なるほどなあと思いますけれどね。それからは、今度ちゃんと死のう、と思っててもね、子供が急に僕をバーンと撃ってね、「先生は猪や。死ね！」と言って撃たれたんだけど、やっぱり撃たれたときっていうのはアッと驚きが先走ってしまってね、死ぬ方になれなかった。なかなか人間ってのは死ねないものだな、と思いました。僕やっぱりここでセラピストがガーッと死ななきゃいけないと思います。そうするとね、一度死ぬけど実際に起きてくるわけでしょ、そうすると、現実的に修復されることになるわけですよ。それが思いきりできてないもんだから、殺しもできてないし、生き返りもできてない。だから、どこを撃ったらよいのか混乱して、あちこち撃ちまわらなきゃならなくなる。

V　治療観から人間観へ

現実的方針

不登校なんかの場合、セラピストがもう一つやらなきゃならないのは、全く、非常に現実的に方針をたてなければいけないということです。現実的方針として、この子はこういう内的に深い問題をやりつつ、なおかつ学校へ行った方が得か、一年遅れてもこちらのほうをやってから行ったほうが得かということ、これはもう全く現実的に判断していいわけです。事実、学校行ってないというのはものすごく損しますね。といって行くというのはものすごくしんどいわけでしょ。こういうときはね、セラピーの流れとは別に非常にリアルな人間になって判断しなくちゃいけないわけで、やっぱり学校へ出かけていって、先生に会って、お世辞言ってやってということも必要になってくるわけです。

共感の失敗とその修復

例えば、分裂病（統合失調症）のお母さんなんかダブル・バインド（二重拘束）であるなんて言われるけれどね、子供の方でも非常に複雑な信号出してくわけで、どっちをしても、こっちがものすごく応答に困ることを要求してくるわけです。親としたら、もう一筋縄では対応できないような信号を出してくるわけです。例えば、大人の自己臭の人で「臭いがするでしょ」なんて言う人いるでしょ。あれなんかでも、「する」って言われたらものすごく不安になるけれど、「しない」なんて言われたら「ウソ言わなくてもいい」なんて言う。この「先生臭うでしょ」なんてことをね、聞かれたら、一つには、それまでの面接で、こっちがだいぶ失敗してるということです。そういう疑問を投げかけてきたということはね、おまえの態度はなってないということでね、つまり、クライエントが短刀を突き付けてきたということで、「その痛みをおまえ感じてないんじゃないか」と一番言いたいことを言ってきているわけです。僕、例えば、五回六回面接した後、入ってくるなり「僕、臭いがするんだけど、先生、しますか」なんて言われたら、今までの面接をものすごく反省しなきゃなりません。もう、ずいぶん、共感に欠けることがあったんじゃないかということです。つまり、僕が、身動きのできないことにおちこませてきてるということは、そこまで突っこまないと僕はわからない人間だということですから。だから、実際、本当に関係がよかったらね、そんな難しいこと、絶対クライエントはきかないです。そんなこと言ったらこっちが困ること、わかってるんですから、だからまずきかない。きかれたときには、それまでの面接をものすごく反省しなきゃいけない。そりゃあ、向こうにしたって、セラピストと自分の関係というのは、世界の中で一番大事な関係だというのは知ってるわけでしょ。知ってるから来るわけでね。だから、あんまり困らすようなことをいって関係を壊したら、自分が損するというのはどこかで知ってるわけです。それをあえて突き付けてきたというのは、セラピストとしても、それまでの面接のどこかで共感に欠けていたと見て、まず間違いないですね。だから極端な言い方をすると、クライエントが入ってくるなり、「先生、僕、何か臭いがするでしょ」って言うでしょ。そうしたら僕、少し間を置いて、『あの、この前お会いしたとき、何かいやなことありましたか」と言いますね。それで、本当の関係が成り立つわけです。「そこまであなたが言ってるんだから、この前僕、変なこと言いましたか」と言ってかまわないわけです。あるいは、自分がその前回に失敗したということあるでしょう。例えば、向こうがものを言いかけたときに、時間ですからって切るときなんかあるでしょ。で、それが気になってたときに、クライエントが来てパッとそう言ったら、別に臭いのことでなしに、「この間、時間だと言って帰ってもらいましたが、あれ変でしたか」と言ってかまわないわけです。

クライエントが子供のとき、たまらなくてね、その短刀を親に突き付けてるわけでね、そうすると親もたまらないから、変なことやらなきゃしかたない。で、変なことやってると、端から学者が見ると、あれはダブル・バインドだということになるわけです。親の方もたまったものじゃない。

セラピストは全生活の中で「生きている」

例えば、本当にケースやりだしたら、一週間に四ケースとか五ケースとかでなくて、頑張ってやってる人は、一日に七ケースも八ケースもやってる人います。僕は一週間に三〇時間くらいは面接に使う。そうすると自分の全生活の中にそれが入り込んでなかったら「生きてる」ことにならないんで。それを、お相撲さんみたいに、一週間のうち三日か、その三回だけ電話にもかかわらず一生懸命やって、というのでは、本物じゃないわけです。電話もかかってくる、手紙も書かないといけない、友達にも会わなくちゃならない、その自分の全経験を、ちゃんと全部の中に統合して入れてないといけないわけです。例えば、僕が外国で分析を受けていたときなど、僕が分析受けている最中に電話がかかってきたりします。すると、僕が分析受けてても、電話に出て「ハロー、おれは今日は分析やってるんだ」なんて電話かけて平気で話します。それで高い金とってやってるんだからね。時間でも、もっとルーズな人あったな、例えば八時に約束していっても八時四〇分くらいまで待たすわけです。前のクライエントとやってるわけですね。前のクライエントと話し込んだら、もう全く時間なんて無視してしまってね。四〇分くらい延長してしまって、こっちはイライラして待ってるわけです。金払ってるわけですから。それで、だけど、その部屋に入って「やあ、どうも」って言われたらスッと解消してしまってね。やっぱりこの人はこういう風にやってるのだ、という気がしてくる。それでまた僕とやってね、九時にまた別のクライエント来るわけでしょ。それが平気で長い間やってるわけですよね。気が向いたら一〇時くらいまでやって、次の人一時間くらい待たせて、いったいどこで調節してるのかと思うけれど、それでちゃんと生きてるのだから、それはそれで人生を生きる立場というものをちゃんともってるわけでね。あるときは一時間の面接を四〇分くらいでやめたりする。その人は、「じゃ、今日はこれまで」と言ったら、何かものすごく金を損したみたいな気がするね。それでもみんなまた来るというのは、その人が何かその全体の中で生きてるわけでね。僕ら、結局、本当にやろうと思ったら、自分の人生の中にこれが入りこまなきゃいけないのでね。何かタンコブみたいなのをちょこんと出して、そこで面接やっていたのでは話にならないのです。

治ることと意味を知ること

ここで、意味を知るということは、そのクライエントがもった過程を、もう一度、自我がどう統合してゆくかという過程をやるということですね。だから、意味をやることは、言ってみれば二次的じゃないかと思う。つまり、夢の解釈というのは二次的であって、極端に言うと、夢を見ることは治ることであるということもできるわけです。だけど、実際に大人の人をやると、この、やったことの意味というのがはっきりしなかったら、気持ち悪いわけね。なぜ治ったかということが自分に統合できないから。だから意味を言うけれども、僕はそれは二次的であると思っている。あるいは、意味を言うことは、治療のプロセスを促進する、モチベーションを高める働きをもっているんじゃないかと思う。このことはプレイセラピーが一番はっきりしてるでしょ。プレイセラピーをやっているときにプレイの意味なんて誰も子供に言わないね。ところがおもしろいことに、プレイセラピストがそういう意味を感じたり考えたりしているほうが非常におもしろいプレイができるし、うまくいく。それを、普通その子をどこかに遊ばせておいたって、そういうことは起こらないわけです。だから、やっぱりセラピストが意味を知っているということは大きいことになるんだけれど、やはり二次的ではありますね。それから、こうイメージ化という作業にしても、セラピストがいる前ではできるけどね、家に帰って一人ではなかなかできません。大体夢がそうでしてね。分析を受けている間はちゃんと覚えていて書くけどね、後はもう全然覚えてないものね、本当に。だから、もう見たことを話し合うというモチベーションがなかったら覚えてられない。ところが、そういうことがないのに夢を毎晩毎晩覚えて困るなんて人は、もうそれはその無意識的な力が非常に強くなってる人で、普通な人じゃないです。そういう人もいるわけですね。

「やっぱり今生きてるってことは生きているということです」

僕らけっこうのほほんと生きているけれどもね、本当を言ったら、僕らだって、何で生まれてきたのか知らないわけです。このクライエントが言っているように、お父さんとお母さんがどうして僕を生んだのかなんて、僕らあんまり考えないで生きてるわけでしょ。それを不問にして生きてはいるけど、もし人生っていうことを本当に問題にしたら、全部こういうことを考えなきゃならないわけです。ところが、なぜか知らないけど僕らはそれを問題にせず生きている。ところが、その一番底のところをクライエントがつかんでぶちあたってくるときというのは、セラピストもクライエントも、もうどっちがどっちということはない、全く同等なわけです。その一番底には、人生っていうのはそういうものだということが流れていて、そういう流れの上で二人が流れていく。そう思ってやらなきゃどうにもならないわけで、ところが、なぜか知らないが同時代に生きて、一緒にやってる。やっぱり今生きてるっていうことは生きているということです、というところ、それが一番底にあって、その上で二人がガサガサやってる。この流れているものがもっとはっきりしてくるとね、その流れにのっているかぎりは、何をやってもかまわないわけです。つまり、原則を外れて会いに行ってもかまわないし、電話かけてもかまわないし、抱き合ってもかまわないし、なぐってもかまわない。だけど、今度、その流れからちょっとでも離れたら、そのかわり大失敗になるわけです。その流れというのは、ちょっと、その感じを言語化すること、非常に難しいけれどね。

セラピーと演劇

ときに僕思うんだけど、僕らやってるのは、演劇の演出家なんかと同じことですね。で、演出やる人の苦労とか指揮者とか、みんな同じことですね。わからすために、ハンカチふりまわしたり、時計ぶちこわしたりもするでしょ。あれと同じことで、僕らもあれくらい頑張ってもいいんでしょうね、わからせるためにはね。

役者の人がね、役作りというのをやるでしょ。例えば、僕が何かの役を与えられたりするとね、その役を一カ月くらいかかって作っていく。僕が、例えば、妻子に死なれて一人で職もなくなってふらふらしているというような役を与えられたとするでしょ。そうしたら、そういう人間に自分を作り上げていくために、ものすごく苦労するわけですよ、役者っていうのはね。そういうのを読んでみたり、それに近い人がいたら会ってみたり、それから電車に乗ってても、そういう人間として電車に乗ったらどうするかとかね、そういうことをしょっちゅう考えていくわけです。そして、開演の日までに、自分をそれに作り上げていくわけです。それが役作りね。僕らも実際は役作りと同じことやっていく。ところが、このクライエントの運命というもののイメージがなかなか自分の中にできないわけでね、会いながら作っていかなきゃならないわけね。で、その労力が少なかったら、向こうはその少ない分だけつっかかってくるわけ。だから、そういう風な、向こうからのつっかかりが強いほど、こっちの役作りの状態が悪かった、という風に考えると、ものすごくよくわかりますね。

で、僕は一度、演劇論とセラピスト論とか、誰かやったらいいと思ってるんだけど、ものすごくおもしろいだろうね。ものすごくパラレルに言えると思うね。セラピストというのがね、演劇で言うと何をやっているのかね、役者なのか、脚本書きなのか、裏方なのか、観客なのか、ってこと考えてみるとおもしろい。で、僕らは、その自分の脚本というものを非常にオープンにしておかないといけないわけですよ。その自分の脚本に縛られてくると非常に不自由なわけでしょ。だから、そういうことを通じて、たしかに僕らは自分の生活史とか自分の人生観っていうものを問われているんだけれども、それを前面に出してくると、脚本が固定してきてしまうわけで、そこをものすごく考えないといけない。

性教育

性教育という問題は、臨床やってるものは考えておかなきゃいけないと思いますね。性の問題をどう考えるか、性教育をどう考えるか、ということをね。僕ら、みんなの前で性教育の話をしたりすることは滅多にないけど、クライエントのお母さんから尋ねられることって非常に多いから、考えておいたほうがいいです。ユングが、小さい女の子が性的なものに興味をもっていろんなことを言う事例を書いてますね。アガーテとかいう五歳の娘のことですけれど、その子はその子なりにいろいろ考えてユングにいろいろ聞いてくるわけですよ。その中でユングがものすごくおもしろいことを言ってる。つまりね、子供というのは、ものすごく知りたがって頑張ってるんだけれど、本当はどうかというのを知らないように自分でしているところがあるということ。だから、本当のことを教えても、本当のところを知りたくないというところが子供の方にはあるわけです。だから、性教育でも、なんというか、そのものズバリを教えるのが教育であるというのは、ものすごくあさはかな考え方でね、大切なのは、その子の世界にあった形で教えるということです。子供の世界に合った子供の誕生というのが、いろいろあるわけでしょ。だから、その子供の心の中にある真実と絶対的な真実と、どのようにからみあわせたらいいかが、ものすごく難しいわけです。だから、何も二〇歳になった人にコウノトリの話をしてもしようがないので、その辺の性教育はそれで考えなきゃいけないけれど。

結局、事実があるということは、その事実をその子の人生観の中に位置付けなきゃいけないわけですね。そうでしょ、このケースで、お母さんがこの子はどういう顔して私を見るでしょうって言いますけど、この子にとって、どういう顔をしてお母さんの顔を見るのかということは、大変な人生の大問題なわけでね。それを早いこと知らされすぎた場合には、ものすごく不幸に陥るわけです。現在情報量がものすごく多いですからね。

「サンタクロースなんてパパがするんでしょう?」

子供というのは、ものすごく知りたがって頑張るんだけど、本当はどうかというところを自分で知らないようにしているところがあるって言いましたけど、おもしろい話があるんです。うちの子供はね、だいぶ長い間サンタクロースを信じていたんだけれどね、で、そのうちに「何であんな馬鹿なことを信じていたんだろう」って兄弟で話してるんで聞いていたらね、兄弟の結論は「やっぱり信じていたかったからじゃないか」っていうことでね、なるほどなと思いました。子供にとってはサンタクロースの存在を信じていたほうがいいわけでしょう。それから、これはある人から聞いた話だけれど、その人の子があるとき、「パパ、わかったよ。サンタクロースなんてパパがするんでしょう」って言ったわけ。で、その人は、とうとうばれたかと思って「そうだよ」って言ってね、ばれたから今度のクリスマスはみんなでデパートに買いに行こうと思って何も用意しなかったんだそうです。で、そうしたら、そう言ってた子が、その晩になったらイソイソと飾り付けて、「パパ、今日来るはずだねえ」って言って、完全に信じてるわけね。で、その人は、「あれー？」と思って、それから夜中に飛び出して買いに行って、えらい目にあったって言ってたけどね。子供の心って、ものすごくおもしろいもんで、頭の中でわかってても、ちゃんとあるときには否定できたりするわけですね。

"So what?!"

カウンセリングって、向こうも生きてるんだし、こっちも生きてるんだしね、そういうところで会わなきゃしようがないんと違う？

こういう話がある。僕の分析家マイヤー、スイスにいるでしょ。そこに、アメリカ人で Ph. D（博士号）とった人がよく分析受けにきますわね。それで、アメリカ人のことだから、マイヤーがはじめに「どうだ」と言ったら、自分はどんな事を勉強したとか、どうだったとか、バーッと話するわけね。それで、マイヤーは何も言わずに、いくら自慢しても何も言わずに聞いていて、それで、言うだけ言ったらね、「So what?!」って言われたって。「それで何だ」って言うわけね。「それだけ宣伝してきて、スイスに何しにきたか」ってなわけで、そうするとガシャンと壊れるわけです。そういうところで会わなきゃいけないね、僕ら。そんな、自分が何をしてきたか、大学がどこが悪いかとか、そういう世界もあるんだけど、僕らはそういう世界では会っていない。だから、バッと違う世界でやっぱり会ってもの言わないといけない。それが大事ですね。そのかわり、こっちにもそれだけのファイトが要るわけです。

［解説］読むたびに新しい『語録』のことば

岩宮恵子

『河合隼雄語録』に出会ったのは、心理療法に取り組み始めて間もない頃だった。河合先生も「はしがき」に書いておられるように、初心者の不安や疑問に「教科書」的な書物はあまり答えてくれない。その一方で、それほど整ったことばで書かれているわけではないこの語録は、河合先生曰く、「別に正しいことやよいことが書かれているわけではないが」実際の心理療法の場面で苦労したときの、「何らかの手がかりやヒント」を与えてくれる生きたことばに満ちている。そしてそれは心理療法の場面だけに限らない。日常生活のなかで困難にぶつかったときにも、直接的に響いてくることばなのである。

教科書的な理論の知識はある程度あっても、実際どのようにしたら治療が展開し深まっていくのか、初心者はよくわからない。クライエントの話を必死で聴くには聴くのだが、そのときの聴き方は、友人の悩みを真剣に聴くスタンスとどう違うのかと疑問が湧いてくることもある。その一方で、友人から尋ねられたことなら躊躇なく答えることでも（どんなテレビを見ているのかとか、面白い本を教えてほしいなど）、クライエントに質問されるととたんにどぎまぎして、これは答えていいことなのか、どうしてそういうことを知りたいと思われたのでしょうかと教科書通りに返すべきかなど、一挙に混乱の極に達することもある。

初心者の頭のなかは、こんなときどう言えばいい？　自分の態度はあれで良かったんだろうかなど、動揺の波が常に打ち寄せてきている。この語録を初めて読んだのは、まさにそのような不安と疑問で動揺ばかりしている頃だった。当時は、自分の臨床での実際の体験と似ているエピソードを語録のなかから探し、そこに何らかの解答の糸口を見つけようと必死だった。

では、どのようにこの語録が「生きたことば」として、臨床の初心者のこころを動かし、セラピーにどういう動きが出ていたのか、具体的な事例から紹介しよう。

あるプレイセラピーの事例から

プレイセラピーというのは、症状や問題を抱えることになった子どもに対して、遊び道具がいろいろあるプレイルームで、決められた時間（たいていの場合五〇分）、定期的に遊ぶことによって行われる治療のことである。子どもに、「自由にして守られた空間」を提供することによって生まれる遊びの治癒力によって問題が解消に向かうことが期待される……と、教科書的にプレイセラピーのことを紹介するとこうなる。しかし、実際に子どもと一緒にプレイルームにいると、予想もしていなかったことが起こってくる。

そのクライエントは小学生だった。ある日一緒にパズルをしていると、いきなりピースをわしづかみにして、机の下にわざと落とした。「あら、落ちちゃったね」と言って拾いもとの場所に置くと、今度はえいっとばかりに遠くに投げる。顔を見ると、あごでしゃくって、取ってこいというジェスチャーをしている。その子は、家以外ではまったくことばを発さない子だったので、無言で指示するのである。パズルのピースだけでなく、一緒に遊んでいたシルバニアファミリーのウサギがいきなり遠くへ放られたり、ぬいぐるみが窓の外に投げられたりするたびに取りに行き、取ってきてはまた投げられてということばかりが繰り返されるのである。

二人での遊びに入っていけない状況に、何かこの子は不満があるのだろうかと、不安・疑問・動揺の三点セットの気持ちが湧いてきた。そんなときに読んだこの語録のなかの「放ったものを拾うゲーム」（一八頁）は、まさに目から鱗のコメントだった。

「考えてみたら、ものすごい信頼関係を確かめるゲームでしょ」「子供にとって放ったものを拾ってもらうというのは、ものすごい確かめになるわけでしょ」という河合先生のことばを読んだだけで、ああそうかとすとんと落ちるものがあった。ものを放られて、それを拾ってきてはまた投げられ……という、赤ちゃんが養育者との間で信頼関係を構築するためにするやりとりを、プレイルームでセラピスト相手に繰り返すことこそが、大事な遊びだったのだ。あの子は、セラピストのことを信じていい人なのかどうなのかを確かめようとして、あんなにも何回も放っては取ってこさせていたのである。

重層的なメッセージ

その当時は、「放ったものを拾うゲームは信頼関係を確かめるゲーム」ということがわかっただけで、満足してしまっていた。この河合先生のことばを育児最中の親御さんが読まれたとしても、きっと子どもとの不毛と思っていたやりとりに、生き生きとした意味を見出されることだろう。それがわかるだけでもこころが動くのだが、ここで河合先生が伝えておられたのは、放ったものを拾うゲームの謎解きだけではない。その先にあるもっと重層的な臨床に関するメッセージを含んだことばであったのだということが、臨床経験を重ねてからはわかるようになった。

「つまりね、放ったものを拾ってきてもらうというのは「たとえ私が捨てたとしても、あなたは拾ってくれますか?」というものすごい問いかけでね。片方がルール破りしてるわけでね。だって普通だったら拾ってもらったら「ありがとう」って言って、キープするわけでしょ。それを「私がルール破りやっても、それをあなたは許容しますか?」という問いかけだから、ものすごい確かめだと思いますね」ということばが続いている。

これはセラピーのなかでクライエントがほんとうの信頼関係を築こうとしているときには(もしくは、より深い関係を求めているときに)、「ルール破り」の問題が出てくる可能性があるという示唆である。これは、今まで誰も信じるに足る人との出会いに恵まれなかったクライエントが、信じてもよさそうな他者に出会ったとき、相手が自分を受け止めてくれる器がある人間かどうかを確かめるため、自分からわざわざ信頼関係を崩すような「ルール破り」を起こすことがあるということなのだ。

このテーマは、「制止、限界、ルール」(八八頁)にも出てくる。プレイルームの玩具を持って帰ってしまいそうになるクライエントに対して、「大事なことは、持って帰るということをどう止めるかでなくて、この子の気持ちをどう受けとめるかということです」「「あんたの持って帰りたいのはわかるけど、残念ながらここに置いておかねばならない」という心の揺れが大切です。で、今度言ったらもっと受け入れてやろうと思ってると、もう言わないことが多いです。もうクライエントにしたら、セラピストとの関係で、言う必要がないわけです」とある。つまり、ルールをめぐってセラピストのこころの揺れや葛藤がそこに存在することこそが、クライエントの「ルール破り」を収めていくことになり、それが一緒に問題に取り組んで行く相棒としての信頼関係につながるのだ。

先ほどの事例でも、これは信頼関係を確かめる大事な遊びだから、とことんつきあうぞと決意して臨んだ回からは、最初に一回、拾わされただけで、その後は遊びがキャッチボールに変わった。放られたものを拾うという一方的なものではなく、投げられたものを受け取り、受け取ってはまた投げ返すという、やりとりのできる遊びへと変化していったのである。

放ったものを拾うゲームの意味に気づくことができなかったら、「おもちゃを投げるよりも、一緒に遊ぼうよ」などと、その子が求めている信頼関係を台無しにするようなことばを発してしまっていた可能性もある。悪気がなくても、そんな不注意な発言をしてしまったら、その子は来なくなっていたかもしれない。日常生活のなかであれば、注意を促すのは当然でも、プレイセラピーという特別な枠組みのなかでセラピストがそのような態度をとってしまっては、セラピーの意味がない。たとえ続けて来てくれたとしても、もう一度セラピストとの信頼関係を築き直そうとするのには、莫大なエネルギーを使わせることになっただろう。

ことばにして伝えることをしなくても、セラピスト側にプレイセラピーのなかで何が起こっているのかという「読み」があると、劇的にセラピーに影響を及ぼすのである。この語録はその「読み」の智慧に満ちている。

「こころの揺れ」を支える

この「ルール破り」と「信頼関係」についての河合先生の示唆は、思春期の子どもに何度もだまされたり裏切られたりして悩んでいる保護者の相談のときにも頭に浮かぶ。思春期は、大きな変化に備えてこれまでとは違ったレベルでの信頼関係を必要とする時期である。そのときに、これほどまでの「ルール破り」をしても自分のことを子として認めるのかと親に問いかけるかのような言動をとる子どもがいる。そして親は、どんなに子どものことを信じたくても、裏切られ続けた今までの経過を思うととても信じることができないと嘆く。そんな親に反応して、子どもも余計に「ルール破り」を繰り返すという悪循環にはまることもある。この「ルール破り」は、法に触れるようなものから、喫煙や乱れた服装、テスト前には勉強すると約束したのにまったく勉強せずにゲームばかりしているといったものまで、その親子によってさまざまである。

そんなとき、ただやみくもに子どもの「ルール破り」を許容する態度を親に求めても、それでは何の解決にもならないということが、河合先生のことばからよくわかる。「そうせざるを得ないのはわかるけど、残念ながらそれはしてはいけない」というこころの揺れがそこに存在することが大切なのである。

このことに関しては「噛むこと」(五〇頁)に、もう少し、違うことばで記してある。「現実には難しいですけど、理想を言うと、その精神を受け入れて行為を排除するということですね。けど、噛まずにいられないという気持ちをわかって「噛むな」というのと、噛むのは悪いから「噛むな」というのは絶対に違うんですよ」と河合先生は語られている。

考えてみれば、心理療法というのは「精神を受け入れて（その人にとっても周囲の人たちにとっても不利益をもたらす）行為（や症状）を排除する」ことがひとつの目標になっている。この、「精神を受け入れて」ということにどれだけのエネルギーをつぎ込めるのか、そのためにはどう考えることが必要なのか。こういった深いレベルでの心理療法の問題について、河合先生のことばは具体的で現実場面に即した形に変換されて私たちのもとに届けられてくる。だから初心者でも、そのことばを理解することができるのだが、経験を積んでから読み返すと、そのことばが発せられている奥の奥に存在する智慧に感じ入ってしまう。

「受容」における父性と母性

さて当然のことだが、河合先生は、何もかもを受け入れることをよしとされているわけではない。受け入れるという母性的な関わりの裏側に、どれほどの父性的な機能の存在が必要なのか、そのことに対しての言及も多い。たとえば、前述の「放ったものを拾うゲーム」の次の「飛び降りる」（一八頁）の内容は、その父性的な側面に対して、どれほど河合先生が意識を向けておられたのかがよく伝わってくる。

高いところから子どもが飛び降りて、それを抱きとめてもらう遊びも、信頼関係を確かめるのにとてもいい遊びだと河合先生はコメントされる。そしてその話に続いて、ユダヤ人の子育てのエピソードが語られる。子どもが階段から飛び降りるのを受け止めるという遊びをしながら、ユダヤ人の親は最後の最後に一番高いところから子どもが飛び降りたとき、パッといなくなる。それで子どもがドーンと落ちたら、人間というのは父親でも裏切ることがあるということを子どもに知らしめるらしい。これがユダヤ人の教えだという。河合先生はその話をした後で「だから、今度、セラピーではそれを逆手にとってね、子供がそうしたときに、パッと抱きとめてやって、人間ってのは親でなくても抱くことがある、ってね」と、どれほど心理療法のなかでは「抱きとめる」こと(母性的な働き)が大事なことであるのかということを語っておられる。そしてその後で「これを聞いたとき、何とも言えない、ものすごい教訓だなあって気がしたね」と言われる。

河合先生はこのときに、父性的な厳しさをもつ文化のことを引き合いに出しながら、母性的に受け止めることの意義を述べておられる。でも決して、子どもの信頼を裏切り、突き放して自立に向かわせるようなユダヤ人の父性的な厳しさを否定的に捉えておられるわけでもないように感じる。

親でなくても抱くことがあるという、個人的なレベルを超えた深い母性の対概念として、このユダヤ人の教えについてこのとき河合先生が語りたくなられたのはなぜだろう。それは、深い母性の発動について語るときには、同時に厳しい父性の存在についても語らねばと思われたからではないだろうか。というのも、どこまでクライエントの精神を受け入れることができるのかということに最大限の努力をする必要性をあちこちで語られながら、受け入れることがセンチメンタルな同情になったり、甘ったるいものになってしまうことに対しては、そういうものではないということをきっぱりと言っておられるのである。そこに、非常に父性的なものを感じる。

たとえば「同情しない受容」(六六頁)では、「セラピストが同情しなくてもいいと思うんです。そんな苦労したって当たり前なんです、人生というものは」「もっと同情しない受容、厳しい受容というのを考えないといけないと。だから、別の言い方で言えば、深い次元にいけばいくほど、クライエントの苦労も僕の苦労も何も変わりはないんでね。「生きる」という次元にもっと深く入れば何も変わりありません。だから、あなたも、私も、同じ人間です、というレベルで受け取ったらいい」と語っておられる。この「厳しい受容」という形容矛盾こそ、受容という母性的なあり方の裏には、父性の存在が必要不可欠であることが示されていると思う。受容と聞くと、優しくふわっと包まれる雰囲気をイメージされる人が多いかもしれないが、問題が難しくなればなるほど、それだけではどうにもならないことを河合先生は指摘しておられるのである。

それについては、「クライエントの不安と変容」（七一頁）に詳しい。「クライエントが変わってゆくためには、不安とか物足りなさをある程度経験しないと変わらないわけで」「だからどこかでクライエントをおびやかさないといけないわけで、しかもそれもこっちの覚悟がいるわけです。おびやかして向こうが不安になったときにこっちが支えきれなかったら、切れてしまうわけで」「なんか全部受け入れてもらったという感じだけでは、ちょっと不安がなさすぎるでしょ。なんでも聴いてくれるし、他の人に言ったら、少し説教されてしまいそうなことでも、ここの先生はなんでもわかってくれるというだけでは困るわけです、クライエントを変えようと思ったら」と、受け入れるだけの母性では、クライエントの変容はありえないことを糺しておられる。ほんとうの意味でクライエントのことを考え、受容するためにはどういう判断が求められるのか、その判断のためには父性的なあり方を身につけることがどれほど必要なのか、河合先生のことばは、父性を語るときに静かに熱を帯びるような気がする。

「共感」と心理療法の質

この語録のことばに助けられたエピソードを書き出したらきりがないが、最後にもうひとつ紹介しよう。

人間関係で苦しみ、「もう何もかもが嫌だ。運命を呪いたくなる」と涙を流しておられたクライエントが、四～五回の面接が終わった時点で、「あのトラブルのおかげで、私は初めて人生について考えることができたと思う」と晴れやかに顔をあげ、「あの事件があってよかったのかもしれない」と語られたことがあった。何とすごい洞察をこんなに早くされるのだろうと感激していたところ、その次の回にはまた「どうしてあんなトラブルに巻き込まれなくてはならなかったのか。幸せな人がうらめしい」と眉を寄せられたのである。この気持ちの一八〇度の反転にどう共感したらいいのかわからなくなってしまった。そんなとき、その答えの手がかりをこの語録の「母親の考え方の変容」（二〇頁）に見つけた。そのクライエントは母親として悩んでおられたわけではなかったが、そこに記載されていたことは、まさに私がぶつかっていた壁に対する答えだった。

河合先生は、考え方の反転というのは、案外早い時期に割合簡単に起こることがあるということを示した後で、「ものすごく反転したところで終わったらかっこいいんだけれど、それが一番はじめなんです」と語られる。そうか。こんなふうに考え方が一八〇度反転することというのは、よくあることなんだ。まずは良い方にぐるりと考えが変わり、それがまたすぐに反転して、行ったり来たり同じことの繰り返しのように見えることを続けていくことが心理療法では必要だったんだ。と、その当時は語録のこの部分に臨床のヒントをもらったと、簡単にわかった気になっていた。

その後、臨床経験を積んでいくなかでこの語録を読み返したときには、その次にあることばが深く響いてきた。クライエントの考え方の反転について、「それをポジティブにみると、そのことのためにそこでその人は自分の人生をいろいろに描くことができるわけです」と述べておられる箇所である。

クライエントは、自分の人生に突如として現れた異物のような出来事についてセラピストに語るなかで、そのことについての受け止め方がプラスとマイナスの極を大きく行ったり来たりする。その両極を行き来するムーヴメントのなかで語られること自体が、何かを産み出し、その人自身のオリジナルの人生を描くことになっている……ということだったのだ。河合先生は、そこまでのことを含んだコメントをされていたのに、初心者の頃は、まったくそこに反応することはできなかった。

心理療法には、何よりも共感が必要であるというのは、基礎の基礎としてどんな教科書にも載っている。しかし、クライエントにどれほど共感できるのかは、そこにどこまで深い理解が存在しているかによる。共感とは理解であり、それこそが「厳しい受容」につながるものなのではないだろうか。

気持ちの反転なんてよくあることだからそうなってしまうクライエントの状態はよくわかる……という表面的な浅い理解での共感と、その反転があるがゆえに、その人自身の人生に広がりが出てくる可能性があるという理解で共感するのとでは、心理療法の質が大きく違ってくるのである。

閉じないことば

河合先生は、心理療法と物語についての著作が多い。「各人の生きている軌跡そのものが物語であり、生きることによって物語を創造している」という視点をもとに、病いを癒すという観点からも「物語」というのは、実に大切なことであり、現代では各人がそれぞれの責任において、自分の物語を創りだしていかねばならないところに難しさがあると考えておられる(「「物語る」ことの意義」『講座心理療法2 心理療法と物語』岩波書店、二〇〇一年)。

河合先生が考えておられた「物語」というのは、この両極を行き来するムーヴメントのなかで立ち現れてくるものだったのではないだろうか。プラスとマイナス、過去と未来、喜びと悲しみ、この世とあの世、善と悪など、さまざまな軸の両極を行き来するムーヴメントが何らかのことばで語られるとき、それが物語の形になる。そしてその両極が遠ければ遠いほど、その行き来のムーヴメントが物語として立ち現れるのは難しく、片方の極に留まる可能性も高まる。しかしそこにセラピストとの信頼関係があるからこそ、片方の極に留まるのではなく、動きが生まれ、行き来が可能になるのだろう。そして両極が遠く離れていればいるほど(つまり葛藤が深いほど)、その行き来の幅が広がるので、物語が立ち現れることができたときには、それが普遍的なものに近づくのではないだろうか。

この語録を読んで、事例の概要もわからないのにコメントだけでこれだけしっかりと胸に届いてくる河合先生のことばに驚かれた方も多いに違いない。それはきっと河合先生ご自身が、考えられないほど多様な軸の、あり得ないほどに遠く離れた極と極を常に行き来しながら、そのムーヴメントをことばにすることに莫大なエネルギーを懸けておられたからだろう。だからこそ、それぞれの事例へのコメントが、個別の事例のことに閉じてしまうのではなく、普遍的に人に伝わるようなことばとなって生きているのではないだろうか。

(島根大学教育学部教授)

河合隼雄

臨床心理学者．1928年生まれ．京都大学理学部数学科卒業．教育学博士．1962〜65年スイスチューリヒユング研究所留学，ユング派分析家資格取得(日本人初)．京都大学教授，国際日本文化研究センター所長，文化庁長官を歴任．2007年7月逝去．著書に『コンプレックス』，『神話と日本人の心』(岩波書店)など．

河合俊雄

臨床心理学者．1957年生まれ．京都大学大学院教育学研究科博士課程中退．Ph.D．ユング派分析家資格取得．京都大学こころの未来研究センター教授．著書に『概念の心理療法』(日本評論社)，『心理臨床の理論』(岩波書店)など．

生きたことば、動くこころ 河合隼雄語録

2010年8月27日 第1刷発行
2012年6月5日 第5刷発行

著 者 河合隼雄《かわいはやお》

編 者 河合俊雄《かわいとしお》

発行者 山口昭男

発行所 株式会社 岩波書店
〒101-8002 東京都千代田区一ツ橋2-5-5
電話案内 03-5210-4000
http://www.iwanami.co.jp/

印刷・法令印刷 カバー・半七印刷 製本・松岳社

ISBN 978-4-00-022181-8 Printed in Japan